集聚高端要素，
促进产业金融科技融合发展

—— 洋顾问思维旋风之十一

魏宏广 ◎ 主编

·广州·

版权所有　翻印必究

图书在版编目（CIP）数据

集聚高端要素，促进产业金融科技融合发展：洋顾问思维旋风之十一 / 魏宏广主编. —广州：中山大学出版社，2018.1
ISBN 978 - 7 - 306 - 06287 - 1

Ⅰ. ①集… Ⅱ. ①魏… Ⅲ. ①地方金融—科技发展—研究—广东 Ⅳ. ①F832.765

中国版本图书馆 CIP 数据核字（2018）第 008031 号

出版人：徐　劲
策划编辑：金继伟
责任编辑：杨文泉
封面设计：曾　斌
责任校对：王　璞
责任技编：何雅涛
出版发行：中山大学出版社
电　　话：编辑部 020 - 84110771，84113349，84111997，84110779
　　　　　发行部 020 - 84111998，84111981，84111160
地　　址：广州市新港西路 135 号
邮　　编：510275　　传　真：020 - 84036565
网　　址：http://www.zsup.com.cn　E-mail：zdcbs@mail.sysu.edu.cn
印 刷 者：佛山市浩文彩色印刷有限公司
规　　格：787mm×1092mm　1/16　12.75 印张　203 千字
版次印次：2018 年 1 月第 1 版　2018 年 1 月第 1 次印刷
定　　价：48.00 元

如发现本书因印装质量影响阅读，请与出版社发行部联系调换

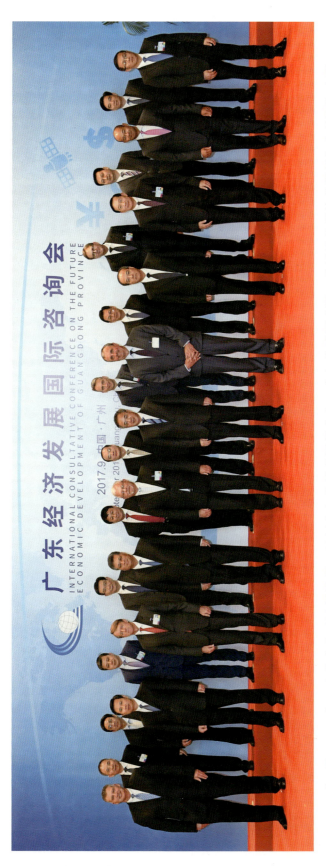

● 2017年9月20日下午,中共中央政治局委员、时任广东省委书记胡春华,广东省委副书记、省长马兴瑞等省领导与全体顾问合影

● 2017年9月20日下午,中共中央政治局委员、时任广东省委书记胡春华、广东省委副书记、省长马兴瑞在广州白天鹅宾馆会见出席2017广东发展国际咨询会的顾问

● 2017年9月20日下午,中共中央政治局委员、时任广东省委书记胡春华,广东省委副书记、省长马兴瑞在广州白天鹅宾馆会见出席2017广东经济发展国际咨询会的顾问

● 2017年9月21日,广东经济发展国际咨询会会议全景

● 广东省委副书记、省长马兴瑞发言

● 广东省常务副省长林少春发言

● 顾纯元博士

● 罗思基先生

● 孟瑟先生

● 卡迈恩·迪西比奥先生

● 贺启新先生

● 王冬胜先生

● 罗思民先生

● 熊晓鸽先生

● 格雷格·巴克斯特先生

● 洪小文博士

● 柄泽康喜先生

● 海兹曼教授

本书编委会

主　编： 魏宏广

副主编： 钟　明　周建华

编　辑： 陈　新　李凡丁　龙志梅　李宪锋　吴　斐

　　　　　刁　鹏　常永继　姚华梁　赖丽芳　金继伟

序　言

近年来，按照国家要求和中央部署，广东深入实施创新驱动发展战略，加快集聚全球各领域高端要素，进一步促进产业、金融、科技融合，促进传统动能焕发生机、新动能加快成长，取得积极成效。但受发达国家制造业回归、贸易保护主义和"逆全球化"思潮抬头等外在因素的影响，以及长期积累的金融与实体经济失衡的制约，广东经济发展仍然存在产业层次偏低、全要素生产率不高、新经济新产业尚未形成规模等问题。广东如何创新发展优势，培育壮大新的发展动能，推动产业迈向中高端，进一步加快经济结构调整，振兴实体经济，积极参与国际经济竞争与合作，实现新一轮繁荣发展是广东的当务之急。

广东要实现可持续健康发展，核心是依靠创新驱动促进广东经济结构调整和产业转型升级。科技创新是结构调整和产业转型升级的总抓手，金融直接决定着资源配置效率和产业结构优化的调整方向。科技创新和金融支持是产业发展的车之两轮、鸟之两翼。广东拥有雄厚的产业经济基础，先进制造业规模不断壮大，产业集聚度逐渐加强，以高新技术为代表的战略性新兴产业保持高速增长，产业发展水平逐步提高。同时，广东产业发展面临从传统制造向智能化制造转型的拐点，这就更加需要集聚全球各领域高端要素，促进科技、金融、产业融合，加速三者良性互动、高效对接，积极运用科技创新，运用创投风投等金融手段，支持先进制造业和智能制造的发展，支持制造业研发、生产、管理、服务等模式变革及绿色改造，实现经济资源优化配置，共同促进实体经济的快速增长，促进传统动能焕发生机。

2017年9月20日，省政府举办的第十一次国际咨询会，围绕"集聚高端要素，促进产业金融科技融合发展"的主题，结合顾问所在公司的行业领域特点，充分借鉴世界先进经验，探讨广东如何集聚高端要素，促进广东产业、金融、科技融合发展，振兴广东的实体经济，提升国际竞争力。

担任本次咨询会顾问的是12位来自世界著名跨国公司或者咨询机构的掌舵人，大家站在各自领域前沿，以全球视野、战略眼光、务实态度，围绕"集聚高端要素，促进产业金融科技融合发展"的主题，积极建言献策，提出许多真知灼见，给予我们非常有益的参考和启迪。为更好推广、应用本次咨询会的成果，我们对各位顾问的建议做了全面的梳理和编辑，相信本书的付梓，将进一步促进产业、金融、科技的融合发展在广东落地生根，为推动广东创新发展、加快经济转型升级、加强各方合作、共赢发展，注入新的智慧、新的动力。

编委会

2017年11月

目　　录

第一编　借智聚力，经验共享——洋顾问建言广东

第一章　谋划发展新兴产业　优化产业布局 / 2
一、通过创业生态系统推动经济增长 / 3
二、金融服务、健康产业和创新在广东省经济增长中的作用 / 17

第二章　金融科技融合发展　培育增长新动能 / 27
一、利用国际资本市场实现产业升级和转型 / 28
二、资本＋科技，助力广东再创辉煌 / 32
三、关于广东对外投资企业的风险管理建议 / 35

第三章　借力高端科技　创新驱动发展 / 43
一、数字化引领产业升级 / 44
二、通过制造业数字转型助力广东未来发展 / 53
三、创新广东，智在必得——借 AI 势，聚力各方，广东再次引领数字变革 / 61
四、引进领先科技，促进产业升级 / 68
五、释放创新，打造珠三角未来发展宏伟蓝图 / 78

第四章　集聚高端要素　共建智能"大湾区" / 95
一、以粤港澳大湾区为契机驱动广东金融和科技产业融合 / 96
二、落实粤港澳大湾区发展战略，实现广东省的重新定位 / 107
三、借大湾区之势，持续推进与全球经济的整合 / 108

第二编 高端会晤——省领导对话洋顾问

第五章 胡春华会见国际咨询会全体顾问 / 111

第六章 马兴瑞在咨询会上的引导发言 / 113

第七章 马兴瑞在咨询会上的会议小结 / 116

第三编 问计"洋顾问",汇聚"金点子"

第八章 顾问建议落地广东 / 120

一、加快推动广东省产业转型升级 / 120
二、重视加强资源节约循环高效利用 / 121
三、积极优化广东省营商环境 / 122
四、大力促进广东省金融创新 / 122
五、高度重视创新创业和人才培养 / 123

第九章 十次咨询会,十大"金点子" / 124

一、设立"广东光谷" / 124
二、建设远景现代化主题公园 / 124
三、推动广东物流业发展 / 125
四、建立3G服务平台研发中心 / 125
五、推动香港金融服务业落户广东 / 125
六、加快广东教育国际化进程 / 126
七、深化口岸通关模式改革 / 126
八、建设机器人应用中心 / 126
九、加强智能交通领域合作 / 127
十、促进新能源汽车产业发展 / 127

第十章　顾问机构背景介绍 / 129

第四编　聚光灯下的咨询会——媒体公开

第十一章　顾问专访：超级外脑谈湾区 / 142

一、IDG 资本全球董事长熊晓鸽：未来十年，粤港澳大湾区将成全球关注焦点 / 142

二、ABB 集团亚洲、中东及非洲区总裁顾纯元："大湾区要借数字化换道超车" / 147

三、安永全球客户服务主管合伙人卡迈恩·迪西比奥：推动粤港澳大湾区经济一体化 / 149

四、专访艾默生总裁孟瑟：广东应"跨界"推动数字化发展 / 151

五、IBM 高级副总裁罗思民：让粤港澳大湾区成为国际一流人才大本营 / 155

六、汇丰亚太区行政总裁王冬胜：深化粤港合作，融入全球创新网络 / 157

七、微软全球资深副总裁洪小文：粤港澳大湾区如何发展科技产业 / 160

第十二章　媒体报道 / 164

附录　省长、顾问简介 / 175

第一编　借智聚力，经验共享

——洋顾问建言广东

2017广东经济发展国际咨询会于9月21日在广州白天鹅宾馆举行。这是广东省政府举办的第十一次国际咨询会。本次国际咨询会的主题是：集聚高端要素，促进产业金融科技融合发展。

经过近40年的改革开放，广东已经成为中国经济实力最雄厚、开放型经济最具活力的地区之一，并取得了经济综合实力明显增强、产业结构进一步优化、开放型经济水平不断提升的成就。中国中央政府对广东的发展高度重视、寄予厚望。2017年4月，习近平主席专门对广东工作做出重要批示，提出了"四个坚持、三个支撑、两个走在前列"的明确要求。广东将认真贯彻落实习近平主席的重要批示精神，深入实施创新驱动发展战略，加快集聚全球各领域高端要素，进一步促进产业、金融、科技融合，促进传统动能焕发生机、新动能加快成长。

围绕大会主题，未来广东应着力于四个方面，分别是："提升科技创新能力""谋划发展新兴产业""推动产业链、金融链、创新链三链融合""打造国际一流的营商环境"。

12位洋顾问围绕以上议题，在建设创业生态、产业升级、国际资本利用、数字化转型、港珠澳大湾区发展等方面向咨询会提交了高质量的咨询报告，开拓广东的发展思路。

本编的内容以12份咨询报告为基础，按照广东经济发展的实际需求进行整理提炼，共归纳了丰富产业布局、依托国际金融、借力高端科技、聚焦大湾区四大主题，力求最大化展现所有咨询报告的思想精髓。

第一章　谋划发展新兴产业　优化产业布局

题解

改革开放近40年来，广东充分发挥了人口、通道、政策等优势，进一步获得制造业发展所需的资源，迅速形成了产业优势，广东成为出口导向型加工制造业的"世界工厂"集聚区。在当前经济全球化和区域一体化深入发展的背景下，为适应世界经济结构和格局的深层变动，广东近几年积极进行产业结构升级、调整，优化产业布局，初步建成现代化产业体系。制造业向高端化、适度重型化和创新驱动发展。以广州汽车为龙头的珠三角汽车产业集群基本形成，大石化产业和临海石化基地建设稳步推进，船舶、能源设备、数控机床等关键装备制造取得新突破，雄厚的电子信息产业基础为智能制造发展提供了良好的产业支撑和市场空间。现代服务业随着信息服务、电子商务、现代物流等先进技术和经营方式的推广应用发展迅猛，比重不断提高。现代农业综合实力也不断增强，农业产业结构调整取得较大成效，粮食生产向规模经营转变。

产业布局呈多元化分布。广东2016年工业增加值占GDP（国内生产总值）达到40%（《广东统计年鉴·2016》），其中先进制造业及高技术制造业的占比较高。广东省的9大主要城市都有清晰的产业发展方向，不同地区的城市集群具有明确的分工，为未来省内产业集群的发展奠定了良好的基础，有利于进一步推动经济的多元化发展。

与此同时，广东省现代化产业发展仍面临严峻挑战，既面临要素成本上升、要素禀赋升级与可持续发展的多重压力，也面临发达国家、发展中国家和国内其他地区全方位多层次市场竞争的合围。全球金融危机之后，世界各国把加大科技创新和发展新兴产业作为培育新的经济增长点、实现经济振兴、抢占新的国际竞争制高点的重要突破口。欧美国家为了实现长期的经济增长和繁荣,正在推动一场以新能源为主导的新兴产业革命,投入巨资扶持新兴产业,通过杠杆效应撬动社会资本,力求在领域尽快建立全球技术优势。在产业结构上,以广东的制造业为例,实际上是大而不强,在创新能力、产品质量和品牌、信息化水平等方面与世界先进水平仍存在较大差距,低附加值低利润,近年增长疲惫。随着我国经济进入新常态,广东产业发展的各个条件和影响因素均发生了变化,传统优势逐渐减弱,进入转型升级的关键时期。在产业布局上,广东存在产业发展、经济发展水平不均衡的挑战。

下一步,广东要立足实际,找准位置,扬长避短,进一步丰富广东产业布局。主动抢抓科技革命机遇,拥抱世界第四次工业革命浪潮,构建区域产业创新版图,坚持先进制造业和现代服务业齐头并进,双轮驱动。在规划产业布局、推动产业结构转型实际中,除了发挥广州、深圳经济强市辐射带动和示范作用,应大力推进广州、深圳之外珠三角其他城市的发展,推动珠三角多层次城市体系的进一步完善。通过产业规划和政策引导促使制造业,特别是劳动生产率较低的制造业向次中心城市集聚,在现代生产体系日益趋向地区间纵向分工的背景下,形成现代服务业和总部经济、加工制造业在中心城市和次中心城市的纵向分工,通过优化产业的空间布局促进产业整体的转型升级和区域经济的协调发展。

各位顾问所在的国家和地区在产业布局多元化、产业转型升级方面积累了宝贵经验,各位顾问所在公司在各自的产业领域都取得了巨大的成就,他们所提出的具有针对性的意见和措施给丰富广东省产业布局提供了很多的帮助和指导。

一、通过创业生态系统推动经济增长

思科公司高级副总裁兼首席战略官罗思基:

(一) 引言

在科技行业,创业生态系统是增长、颠覆和转型的新动力和引擎,并且正以其他业务生态系统所没有的方式促成变革。

正如在自然界一样，这一生态系统的个体之间的平衡和互动保证其所有要素的成功和健康。也同样像在自然界那样，生态系统是随时间推移而发展的、是脆弱的和不断演进的。也许最知名的创业生态系统是在硅谷，虽然从狭义来讲硅谷只是从加州旧金山到圣何塞的一个地理区域，辐射旧金山湾区的几十个社区，但其影响和志向从根本上看是全球性的。硅谷是一个具体地方，但它也是一种思想状态——一种关于世界以及人们在其中所扮演角色的思维方式。而且这也是世界各地很多企业和政府领导寻求复制的那种思维方式，这是因为他们认为该思维方式可以导致国家和行业的长期经济发展和繁荣，正如它在硅谷本身的典型发展模式中所表现出来的那样。

在这个生态系统内，五个重要群体所做的贡献对该生态系统的成功和轨迹具有不可估量的影响。第一个群体是创业者，他们是冒险者，是将自己的概念和想法变成有可能重塑世界的现实的人。第二个群体是风险投资家，他们是冒着风险将宝贵的资本投在那些具有重塑世界思想的创业者身上的投资者。第三个群体是大公司，它们经常会培养出参与该生态系统的其他部分的商界领袖，这些商界领袖为创新打造需求、同时帮助将新的颠覆性成果的规模扩大为大市场。第四个群体是大学和研究机构，它们会成为新人才的来源，也会成为经常可以推动和吸引早期颠覆性思想的基础研究的来源。最后一个而且也非常重要的群体是政府机构，它们经常能够资助基础研究，也能够推行相关政策以鼓励概念和思想的形成，并鼓励成立新企业和创造价值——这些都是整个生态系统兴旺发达所需的关键激励因素。

（二）创业者

风险的故事就是进步的故事。如果没有那些愿意冒着风险探索未知领域以期发现一种做事情的新方式或找到一种全新东西的人们，世界就不会前进。贝尔实验室的 John Bardeen、Walter Brattain 和 William Shockley 在 1947 年发明了晶体管，这一发明最终改变了地球上几乎每个人的生活，或许可以被认为是 20 世纪最伟大的发明。在此之前一个世纪，Nikolaus

Otto、Gottlieb Daimler 和 Karl Benz 等先驱者以及很多其他人发明和优化了内燃机，这对交通运输来说是如此重要，以至于如果没有它，我们的全球化经济将是不可想象的。而且虽然很多人都对互联网的发展做出了贡献，但 J. C. R. Linklider、Vinton Cerf 和 Tim Berners-Lee 分别提出一个世界范围的网络、一个统一的协议和万维网（WWW）系统的远见卓识，却以目前仍在发挥作用，而且今后若干世代还将发挥作用的方式改变了我们的生活和我们的经济。（Fallows，2013）

人们发明了这些东西，并意识到了其机会（需求），从而提出把握这种机会（想法）的一种方式。中国自己在创业和敢想敢干方面有很长的历史。确实，从造纸术、指南针、火药及印刷术这"四大发明"开始，中国有最长的持续的创新历史。（Needham，1954—2008）在现代时期，中国在单模光纤、第一个人工合成胰岛素和碳气溶胶方面都做出了突破性的创新。阿里巴巴创始人和执行主席马云近年来令人惊异的成功就代表着中国人的创业精神，他是一个几乎凭一己之力就影响了中国的整个经济和互联网行业的人。中国人创业成功的其他例子包括在美国学成回国后创建了互联网搜索引擎百度的李彦宏以及马化腾（腾讯）、李河君（汉能）、雷军（小米）、刘强东（京东）和柳传志（联想）等。而现在，随着数字化时代的成熟，来自中国（和任何其他地方）的新想法的影响范围是无限的。根据联合国世界知识产权组织（WIPO）的数据，中国每年的专利申请数量从 2001 年的大约 63000 个增长到了 2015 年的超过 100 万个。（WIPO，2017）实际上，中国现在占全球专利申请数量的 38% 以上，在数字通信专利申请数量上领先世界，在计算机技术专利申请数量上排名第二，在电机和能源专利申请数量上排名第三。（WIPO，2016）（见图 1-1）

创业者的驱动力来源于想进行尝试的渴望和对失败的一种与生俱来的耐受力。他们理解失败经常是在获得新知过程中必经的一步，而新知又会导致一个改进的想法。创业者在促进甚至鼓励把失败作为改变世界之想法的一种方式的环境中会如鱼得水。如果某些环境中有更多的创业者、有更多的资源来帮助他们成功，如果在这些环境中失败被当成优势（而不是劣势）的一种标志，那么，这样的环境将自然而然地会孕育出更多的想法和推进更有颠覆性的成果，而重要市场上足够大的颠覆性则意味着找到新

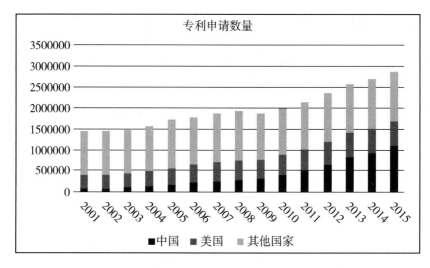

图 1-1 2001—2015 年全球专利申请数量（WIPO，2017）
资料来源：转引自《思科 2017 年广东省长顾问报告》。

的、有价值的做事方式。硅谷就是这样一个地方。硅谷初创公司的密度异乎寻常的高——差不多每 1000 人就有 2 家。相比之下，在初创公司密度领先的另外 3 个城市——伦敦、纽约和北京，这个密度要比前者低 1/8 ～ 1/5。[Startup Genome and Global Entrepreneurship Network（GEN），2017] 有更多的创业者和一个追崇他们的特质的环境，就等于可以影响全球市场的更多想法。

（三）风险投资家

风险投资家（"VCs"）对很多创业者来说代表着最为光鲜的、最有吸引力的融资形式。他们以支持早期阶段的高成长公司而知名，最有名的成功创业故事中很多都将其财力增长归功于风险资本家的投资。大型成熟科技企业会以传统方式资助新思想——他们有客户来为他们的产品出钱。这种钱可以用来重新投入业务中以做出更多的同类产品或打造新的、不同的产品。对创业者来说，融资的挑战当然是比较大的，因为他们本来就是没有客户的。创业者所拥有的是一种可能非常好的想法，这种想法如果能够得到适当资助便可能会被转变成客户某天可能会买的一种产品。在整个历史上，处在这一"阶段"的创业活动的经费来源一直都是断断续续、规模较小和时有时无的——可能是朋友、家人或富裕的赞助者（用现代术语来说就是所谓的"天使"投资者）。在过去，这对那些能够获得这些经费来源的人来说当然是很好的，但这些途径一般来说在规模和能力上都是很有限的，难以产生更大的经济影响。

风险资本作为一个"资产类别"于20世纪60年代在硅谷的出现，标志着新想法寻找资本的方式所发生的一个"颠覆性的变化"（tectonic shift）。风险资本家之所以愿意冒着与投资新想法、新团队和新市场相关的巨大风险，是由于存在着通过颠覆大市场来释放同样巨大价值的潜力。风险资本家和初创公司经常是将他们共同创立的公司以远多于所投入资金的价格卖给其他公司或通过上市（IPOs）方式卖给公开市场来实现这种价值的。值得指出的是，在这方面失败的公司要多于成功的公司。而且一次成功的IPO也并不能保证一家公司或一只股票从长远来讲是成功的。

2004年，哈佛大学学生Mark Zuckerberg在其大学宿舍里创立了在线社交媒体和社交服务网站——脸书。仅仅8年之后，脸书在全世界就拥有了8亿多用户，Mark Zuckerberg从风险资本投资获得了数百万美元，为其公司成功打下了最好的经济基础。今天，脸书被认为是史上最成功的IPO之一（2012年，160亿美元）。脸书目前市值为5000亿美元。

相比之下，杂货配送服务公司Webvan 1999年上市，融资3.75亿美元，这使该公司当时市值超过48亿美元。这只股票在上市第一天价格翻倍，该公司也很快获得了60亿美元的估值，尽管其营收不到500万美元、完成一个订单的费用超过27美元。但后来，Webvan于2001年申请破产。

具体来说帮助支持初创公司的创投资金到底来自哪里？一家创投公司所投入的钱大部分来自外面的"有限合伙人"（LPs）投资者。LP投资者的性质会相差很大，但创投生态系统中的资本绝大多数来自大型机构，如退休基金、大学和医院的捐赠基金、慈善基金会、保险公司以及非常富有的家庭和公司。

这些数据可帮助大家了解多少资金进入了创投：去年全球创投总额为1270亿美元，其中至少1080亿美元是与科技相关的。1974年以来成立的所有美国上市公司中近一半在其成立早期都接受过创投资金。截至2014

年,这些公司的市值总计超过 4 万亿美元。在截至 2015 年 8 月 28 日的 5 家最大美国上市公司中,3 家(苹果、谷歌和微软)都接受过创投资金。值得指出的是,风险资本(创投)相对来说是一个新现象——1975 年以前几乎没有上市公司接受创投。这些数字显然是令人咋舌的,但它们之所以如此重要,是因为这些新公司的成立经常会蚕食成熟公司的势力范围和颠覆现有市场。《财富》杂志美国 500 家最大上市和非上市公司榜单上的公司只有不到一半 20 年后仍在该榜单上。这种更替速度几十年来一直在加快,预计还将继续加快。正是创投支持在加快颠覆的速度,为新想法的发展成熟,也为有想法的成熟公司去接受和应对不可避免的变化提供了一个巨大的机会。

(四)成熟的大科技公司

受到由创业者和风险资本家掌舵的初创公司挑战的大公司在创业生态系统中起着关键作用。它们以三种方式来发挥这种作用。第一,它们作为成熟公司的存在本身就说明,存在着初创公司可以寻求挖掘的巨大市场。与处在早期阶段的初创公司不同的是,成熟的大科技公司拥有很多愿意并且能够购买它们产品的客户。这些现有的、潜在的市场,意味着可以被市场新进者挖掘和抓住的利润池,这些市场新进者或许能以更便宜、更快捷或更有价值的方式将一种产品交付给客户。第二,这些成熟的大科技公司经常是那些颠覆者所在世界的人才来源。这些根基是重要的,因为这些关系经常是洞悉大规模的、持久性的创新趋势的渠道,尤其是在科技行业。第三,没有一家大型全球科技公司是靠自己做所有事情的。(见表 1-1)

表 1-1 硅谷 10 家最大的科技公司

业务量排名	公司	主要业务范围	营收(上 4 个季度,单位:10 亿美元)	利润(上 4 个季度,单位:10 亿美元)	市值(2017-03-31,单位:10 亿美元)
1	Apple(苹果)	电子消费品	218.1	45.2	753.7
2	Alphabet(阿尔法特)	网络搜索、广告	90.3	19.5	579.4

续表1-1

业务量排名	公司	主要业务范围	营收（上4个季度，单位：10亿美元）	利润（上4个季度，单位：10亿美元）	市值（2017-03-31，单位：10亿美元）
3	Intel（英特尔）	半导体产品	59.4	10.3	170.5
4	Hewlett Packard Enterprise（慧与公司）	IT服务、产品	48.8	3.2	39.3
5	HP（惠普）	图像、印刷、电脑设备	48.7	2.5	30.2
6	Cisco Systems（思科系统）	IT网络服务	48.6	9.8	169.3
7	Oracle（甲骨文）	IT服务、产品	37.4	8.9	183.6
8	Gilead Science（吉利德科学）	制药	30.4	13.5	88.8
9	Facebook（脸书）	社交网站	27.6	9.5	410.5
10	Synnex（新聚思科技）	IT供应链服务	14.5	0.2	4.5
总计	—	—	623.7	122.7	2429.8

资料来源：转引自《思科2017年广东省长顾问报告》。

为了成为科技行业的一个领导者，从长远来讲，成熟的大公司必须与初创公司、颠覆者和投资者打交道，以使自己针对不断加速的技术和市场变化获得免疫力。这是大公司维护它们现有核心市场的有效防卫措施的一部分，同时也使它们能够通过获得可接触到新利润池的颠覆性成果而进入新市场。因此，大公司在积极寻求并购。世界最大的10家科技公司在过去10年从收购小型、灵活的初创公司中赚取了超过1500亿美元，收购的目的就是为了获得优秀技术和人才。例如，足有20%的思科员工是通过收购加入思科的。另外，大公司也在通过投资初创公司不断深化它们与后者的关系，以学习和了解新的颠覆性技术。"企业创投"（CVCs）现在占整个创投市场的大约20%，从2012年的85亿美元增长到了2016年的258亿美元。仅思科一家就在超过100个初创公司和40个创投基金中拥有价值大约20亿美元的投资组合。今天，思科通过将直接投资与有限合伙人（LP）方式结合起来，平均每年投资大约2亿美元到全世界的创投圈。

（五）大学和研究机构

优秀学术机构的存在一直是创业生态系统的一个有机组成部分。如果一个环境可以在计算机科学、工程、材料科学、商务和设计等对创新至关重要的领域吸引全球范围内从世界一流导师那里求知的新毕业生，可以吸引经费充足的学术研究项目和学术领袖，那么这样的环境就可以确保思想者及其想法的稳定流动，而后者又会融入对初创公司、大科技公司和风险资本至关重要的工作和人员当中。对斯坦福大学校友所做的一项大规模调研得出的结论认为，截至2011年，几乎40000家公司都可以将它们的起源追溯到这所大学，这些公司一起作为一个独立国家将在世界排名第10、年收入将超过2.7万亿美元。（Eesley and Miller October，2012）这些数字实际上还是被低估了，因为该校一些最成功的校友并没有对调研做出回复，而且这些数字在今天肯定还会更大。就建设一个生态系统而言，值得指出的是，斯坦福大学创业者中39%都是在离该大学一小时车程的距离内创建他们公司的。另一项研究（Pitchbook，2017）报告说，在截至2016年的10年里，斯坦福大学和加州大学伯克利分校共培养出2000多名创业者，他们创建了超过1700家公司、融资超过320亿美元，在这个方面这两所大学领先世界。这两所学校的MBA课程另外培养出1000名创业者，他们创建了900家公司、融资超过180亿美元。

如果来看教授们在大科技公司以及初创公司所担任的董事职务和顾问职务，我们会发现学术界与企业界之间的关系也是显而易见的。例如，斯坦福大学教授Terry Winograd、Jeff Ullman和Rajeev Motwani在谷歌公司成立时就曾为Larry Page和Sergey Brin提供咨询并正式担任顾问职务。前斯坦福大学校长 John Hennesey 是谷歌公司和思科公司的董事会成员。图 1-2 所示的从斯坦福大学毕业的传奇性硅谷创业人士的名单，可以显示学术机构对于一个创业生态系统的重要性。

- David Packard and Bill Hewlett, co-founders, Hewlett-Packard, Palo Alto, CA (1939)
- Russell H. and Sigurd F. Varian, William Webster Hansen, and Edward Ginzton, Varian Associates, Palo Alto, CA (1948)
- Ray Dolby, founder and chairman of Dolby Labs, San Francisco (1965)
- Andreas Bechtolsheim, Scott McNealy and Vinod Khosla, co-founders (with Bill Joy), Sun Microsystems, Santa Clara, CA (1982)
- Judy Estrin, serial entrepreneur (JLABS Inc, Precept Software, Bridge Communications (1981)
- Jim Clark, Silicon Graphics, Mountain View, CA (1981)
- Trip Hawkins, founder and CEO of Electronic Arts, Redwood City, CA (1982)
- T.J. Rodgers, Cypress Semiconductor, San Jose, CA (1982)
- Heidi Roizen, co-founder and CEO of T/Maker Company (1983)
- Leonard Bosack and Sandy Lerner, co-founders of Cisco Systems, San Jose, CA (1984)
- Morris Chang, founder and chairman, TSMC, Hsinchu, Taiwan, China (1987)
- Peter Thiel, Ken Howery, co-founders (with others), PayPal, San Jose, CA (1988)
- David Kelley, founder of IDEO, Palo Alto, CA (1991)
- Jen-Hsun Huang, founder and CEO of Nvidia, Santa Clara, CA (1993)
- Jerry Yang and David Filo, founders of Yahoo!, Sunnyvale, CA (1994)
- Reed Hastings, founder and CEO of Netflix, Los Gatos, CA (1997)
- Larry Page and Sergey Brin, founders of Google, Mountain View, CA (1998)
- Tim Westergren, Jon Kraft, co-founders (with Will Glaser), Pandora Radio, Oakland, CA (2000)
- Reid Hoffman, Konstantine Geuricke, Allen Blue, Eric Ly and Jean-Luc Vaillant, LinkedIn, Mountain View, CA (2002)
- JB Straubel, co-founder, Tesla Motors, Palo Alto, CA (2003)
- Jeff Skoll, Participant Media, Los Angeles, CA (2004)
- Kevin Systrom and Mike Kriegrer, Instagram, San Francisco, CA (2010)

Source: Stanford University's Economic Impact via Innovation and Entrepreneurship, 2012

图 1-2 从斯坦福大学毕业的知名创业者

资料来源：转引自《思科 2017 年广东省长顾问报告》。

（六）政府

在 20 世纪 40 年代和 50 年代，美国的很多科技创新都来自于军事研究驱动的创新。事实上,军事研究计划、国防承包商和学术机构之间的关系也是完全有据可查的和非常容易理解的。

虽然美国政府的研发费用自冷战高峰时期以来有所下降,但仍然占美国研发费用总额的大约1/4。(见图1-3)

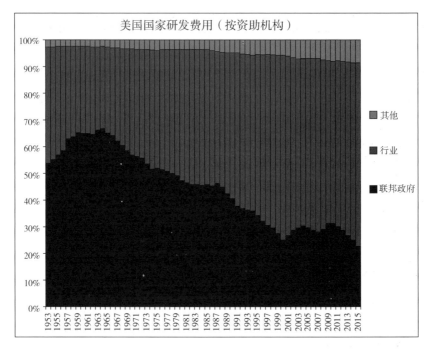

图1-3 美国全国不同资助机构在研发费用总额中所占份额。基于美国政府2017财年预算的"GDP平减指数"进行定值美元转换© 2016AAAS.

资料来源:美国国家科学基金会。

以下是一些众所周知的政府支持创新的例子:

(1)我们大家都靠它来开车导航的"全球定位系统"(GPS)就是美国军方资助技术的一个直接产物。

(2)互联网是"国防先进研究项目署"(DARPA)的一项计划的一个直接结果,这项计划旨在开发一个能够经受军事打击的可靠网络。

(3)"人类基因组项目"由美国国家卫生研究院(NIH)和美国能源部出资,15年内完成对人类DNA进行首次测序。

(4)"阿波罗"航天计划派生出了材料、计算和卫生方面的无数进展,也大大促进了我们对基础科学的认识。

政府资助的研究,知名度较小但同样重要的例子如下:

(1)谷歌搜索引擎最初是由来自"国家科学基金会"(NSF)的一笔450万美元经费资助的。

(2)人工智能和语音识别研究几十年来一直是由政府部门支持的。iPhone 的"Siri"是从美国"国防先进研究项目署"资助的一个项目衍生出来的。

(3)智能手机技术包括从动态随机存取存储器(DRAM)和微处理器到信号处理算法、显示器和锂离子电池几乎全部是基于接受政府支持的成果。蜂窝式无线电技术本身就是军事研发的一个直接产物。

(4)可见发光二极管(LED)光源技术先后接受过美国军方和能源部的经费支持。

(5)磁共振成像(MRI)扫描仪是通过大学研究计划(特别是斯坦福大学和哈佛大学)在 NSF 的支持下研发出来的。

高科技发展从由国防研究驱动向与商业研究平衡的转变产生了大的商业科技公司、创业者和风险资本家,他们仍然与政府使用案例的激发、资助和消费相关联,但已不完全由其界定。而且这些商业化研究工作的激励因素也变得越来越有吸引力、越来越显而易见,包括更大的规模、市场导向的全球性收益以及相应的规模化人文影响。这些利益在很大程度上是通过对创业者有利的政府监管和政策规则实现的,它们通过减轻创办公司的负担、减轻税负来激励创业者去承担风险。

可以说,世界上吸收了硅谷一些成功经验的最为强大的创业生态系统之一是以色列的创业群体。在这个例子中,创业模式根据以色列的独特的相对优势被加以改造,这些优势本质上是一个"全球优先"(global first)的思维方式。因为以色列国内市场相对较小,其 GDP 只是美国或中国的大约 1.5%(OECD,2015),所以,它自然就会倾向于去寻求欧洲、美国、中国和其他地方的更大市场。拥有一个世界级的工程人才群体——人均工程师数量世界最高(Deloitte,2016)——这样一个独特优势,军事技术轻松转化为商业用例的历史发展,以及政府旨在帮助私人市场投资进入初创公司的激励措施,这些都对以色列作为一个全球规模的创业生态系统的迅速崛起做出了贡献,这个创业生态系统带有硅谷的很多基本特征,但其本身仍然是真正独特的。仅举一例:以色列的 Yozma 计划在 20 世纪 90 年代末被引入政府投资,来帮助联系和激励私人投资进入羽翼未丰的以色列创投行业。Yozma 对创投公司进行投资,同时对政府在从这些公司的投资回报获得的利润中所占份额加以限制或"封顶"。截至 2001 年,这项创造性计划帮助成立了 39 个基金,管理着 32 亿美元资金,而它们的根都在 Yozma。Yozma 自己的基金支持了 256 家高科技公司。虽然总体投资回报没有公开发布,但至少 4 个基金实现了超过 100% 的投资回报。(European Commission Community Research 2004)到 2013 年,以色列公司获得的创投经费占 GDP 的份额超过任何其他国家的公司。的确,以色列现在被认为是美国以外最大的创投中心之一。(UNESCO,2016)

(七)获得世界最优秀的人才

正如本文开头所述,对科技行业,创业生态系统是增长、颠覆和转型的新动力与引擎,以其他业务生态系统所没有的方式在促成变革。因此,只有在这个生态系统的每一部分都很健康和充满活力时,它才能够很好地发挥功能。而且如果说这个生态系统是新动力,那么构成它的人才就是血液。硅谷作为这样一个生态系统的一个领先例子是有韧性的,在始终如一地产出改变世界的发明创造,因为它从世界各地吸引人才,这也使其关注的焦点从范围上来讲是全球性的。

在硅谷,公司创始人中移民所占比例最高(46%),全球平均值不到 20%。[Startup Genome and Global Entrepreneurship Network(GEN),2017]

在 2016 年,美国 10 亿美元以上初创公司(包括上市公司和非上市公司)中的一半以上是移民创办的。这 44 家初创公司加起来占墨西哥股市价值的一半。在这 44 家公司中,29 家是在旧金山湾区。(Anderson,2016)

吸引这些全球人才的是硅谷可以提供的机会、文化和生活方式。在广东,乃至在中国其他地方或在世界上,任何试图建设类似生态系统的计划也都必须考虑到这些关键驱动因素,同时也都必须将吸引全球化、多元化人才的根本性需求放在第一位。获得世界可以提供的最好人才至关重要。

中国有巨大的机会来继续推动创业活动，将其作为增长和全球领先地位的一个引擎。在这个方面中国已经做得很好了，而且肯定还将继续保持下去。

从这些方面来讲，创业成功的一个关键因素不论现在和将来都是全球连通的（global connectedness）。世界上所有初创公司中 1/3 与硅谷有联系，1/4 与伦敦有联系，1/5 与纽约市有联系。全球初创公司中有多少将来会与广东有联系——这个比例越高，其生态系统无疑将会更有活力。沿着我们已经讨论过的话题，将中国和全球人才吸引到广东的激励措施，将会增加一个持久创业生态系统在广东发展并在全球层面上帮助推动创新的机会。

（八）结论

中国在利用创业生态系统方面已经处在非常有利的位置。在关于创业生态系统的一个榜单上，北京和上海分别排在第 4 和第 8。而且，北京在"创业体验"（startup experience）类别中排名第 2，超过纽约、伦敦和波士顿。[Startup Genome and Global Entrepreneurship Network（GEN），2017]

尽管仍然处于初级阶段，但这些市场上所取得的早期成功也是基于拥有开放的沟通、成熟的辅导计划、获得创投资金的机会和合作空间的一个良好运作体系。在北京和上海，几个优势持续显现。北京是一个大市场，拥有 4800～7200 家初创公司及由清华大学和北京大学等顶尖大学组成的一个生态系统。经费支持在该地区也一直是一个优势，其中政府在 2015 年对初创公司的投资就超过 2300 亿美元。北京也有数量第二多的"独角兽"（注：指价值超过 10 亿美元的初创公司），这一生态系统的价值据计算为 1310 亿美元。

上海有 1800～2700 家活跃的初创科技公司，2016 年共享工作空间的数量翻倍，达到 500 个。这个城市规模是巨大的，人口超过 2400 万，但从生活成本上来讲还是适宜创业的。广东省及省内城市有充分的机会在将来获得类似或更大程度的成功。

由于中国面临着一个无法避免的现实——在今后 10 年它将成为世界

最大经济体，而且在21世纪中期可能会占全球GDP的近1/4，所以，它也将有机会来重新定义商业生命周期最早部分的全球商业，其中包括初创公司将要扮演的角色及支持它们的生态系统。广东和中国的机会是去了解、同时也去改造硅谷的和以色列的模式，使其具有中国特色，而在志向、范畴和人才库方面又是全球化的。随着世界之间的联系变得更加紧密，将有很多机会来让这种"采纳"和"改造"加速。这种可能性是激动人心的，因为它有可能以世界尚未看到过的规模来释放思想和创造力，而且它也在那些拥有远见卓识和雄心壮志的人们能够把握的范围之内。

随着中国继续崛起并在定义全球业务中扮演着更大角色，它也有机会在定义颠覆机会方面扮演一个领先的角色，有机会利用全球能力来将这些机会转变成未来增长和发展的源泉。

在早期，硅谷创业生态系统是一项实验，这项实验有机地利用创业者、投资者、公司、研究机构和政府机构这些"原材料"彼此近水楼台的优势。它首创了将相关想法拿来，并通过新机制将其转化成可持续业务的一个新方式，这些业务最终对地球上几乎每个人生活的方方面面都产生了影响。正如一路走来各家公司不知道经历了多少成功和失败一样，硅谷模式本身作为一个模式也有其自己的成功和失败。不管是中国的还是其他地方的其他创业生态系统，都将从学习成功的经验和失败的教训中受益。

我们了解的行之有效的一些方法和领导者可以用来加快创业生态系统发展的关键步骤包括：

（1）为创业者创办公司提供便利，不管成功还是失败都要鼓励他们。

（2）为高质量投资者提供简单的投资途径，让他们获得与其所承担风险相称的回报。

（3）吸引和壮大能够作为初创公司人才来源和合作伙伴的中国科技公司和跨国科技公司。

（4）激励研究人员、教职员工和学生去跟初创公司合作。

（5）增加开放的政策，减少初创公司的监管负担。

（6）支持旨在从世界各地吸引优秀人才到广东乃至中国其他地方工作和居住的相关计划。

当我们想象下一个世纪的世界会是什么样子的时候，我们可以预测中国将会极大地、不可逆转地影响思想与市场碰撞的方式，做这种预测也不会是不合理的。塑造这样的未来并将理想变成现实今后将是激动人心的工作。

二、金融服务、健康产业和创新在广东省经济增长中的作用

美国大都会集团执行副总裁、全球首席数字官格雷格·巴克斯特：

（一）前言

美国大都会集团很荣幸参加2017广东经济发展国际咨询会，并就今年咨询会的主题"集聚高端要素，促进产业金融科技融合发展"进行发言。该主题富有见地、极具时代意义。

美国大都会集团是全球领先的人寿保险公司，拥有超过150年的经验，帮助家庭实现财务安全，让客户更安心。我们的总部位于美国，在近50个国家均有业务，在解决发达国家和新兴经济体需求方面有丰富的经验。在企业发展过程中，也为金融市场的发展做出相应的贡献。能参与中国金融市场，尤其是广东省金融行业的发展进程中，我们倍感荣幸。

美国大都会集团于1995年进入中国市场，2004年开始发展业务。与中方股东上海联和投资有限公司携手发展，目前业务已覆盖11个省市，资产超过50亿美元。

我们在广东省的业务占比高达12%，是关键业务区域之一，也是未来国内增长计划的重点。我们在广州、深圳、佛山、东莞、汕头和珠海均设有机构，为广东省的投保人提供服务。

美国大都会集团全心投入广东省市场，这对我们在国内的增长计划而言至关重要，因此，我们高度认同此次会议主题："集聚高端要素，促进产业金融科技融合发展。"作为中国人口和经济第一大省，广东省是国内经济发展的主要引擎，成为全球核心的制造业中心，帮助了数以百万计的人口脱离贫困并成为中产阶级。中国正谋求经济转型，以国内需求和服务业推动经济发展，广东省有机会再次成为驱动经济发展的引擎，推动积极变化。

在此过程中，对任何现代经济体而言，金融服务的发展都十分关键。金融服务行业不仅带来就业和收入，更重要的是，它是整个经济的脊梁。确实，金融服务为国民提供财务安全和保障，同时将资本有效投资至增长领域，支持现代基础设施的发展，这对广东省实现"十三五"规划中建设小康社会的目标至关重要。

作为全球领先的金融企业，美国大都会集团高度重视保险行业创新，我们相信广东省可采取一些关键举措，以提高现代金融行业对经济发展的贡献，并鼓励金融和科技行业的共生创新。由新的金融科技引擎驱动的更强大的金融行业将更有可能有效将资金引导至最具潜力的行业，支持产业现代化发展。并且，基于金融科技的创新能增加保险产品的渗透率，为省内人民提升生活品质带来安全感。重要的是，面临人口老龄化所带来的健康产业和退休需求所带来的挑战，保险产品渗透率的提升也能帮助政府和家庭缓解资金压力，以释放更多的资源投入支持经济增长的基础设施领域，提高财政稳定性。此外，保险产品渗透率的提升也意味着财务安全度的提升，家庭将减少"预防性储蓄"，可支配收入和家庭消费水平提高，这也正是中国和广东省"十三五"规划的核心目标。

在中国保险监督管理委员会的引导下，保险行业将更偏向提供保护性更高的保险产品，更关注合理的风险管理，一个更成熟的保险行业将带来更多益处。美国大都会集团也将全力支持行业的发展。

我们将在本报告中针对保险行业提出一些建议，希望可以为广东省提升金融服务对其经济发展的贡献，更好地建设小康社会建言献策。其中包括将广东定位为国内推进金融科技、健康和基础设施发展的领导者。

（二）广东省的金融行业和经济结构调整

广东省经济突飞猛进，成长为全球领先的制造中心，这一发展进程众所周知。现在，广东省已做出"十三五"规划，下一步经济发展重心将放在向服务业主导的增长转型，同时保持世界领先的工业地位。刺激广东省的金融行业发展是实现这一雄伟目标的关键前提。

广东省的金融服务行业稳定发展，但是和国内其他经济中心相比仍稍显不足。例如，2015年广东省金融行业在经济中的占比为7.1%，而上海和北京的比例分别为16%和17%。

差异一部分来源于广东省无与伦比的制造业实力，但另一方面，国内劳动力价格上涨，经济发展向服务业倾斜，其相比而言，规模较小的金融行业愈发成为广东省保持高竞争力的挑战。而广东省人口老龄化和迫切的退休和医疗方面的需求给财政带来更大压力，这都使面临的挑战更加严峻。并且，中国为快速的经济发展和生活水平的提高也付出了代价，如糖尿病、高血压和肥胖等由不良的生活方式引发的疾病愈发频见。

尽管国内其他经济中心可能在发展金融服务行业上有先发优势，但美国大都会集团相信广东省能够差异化竞争，重点促进创新和数字化发展，成为一个重要的金融科技中心。

此外，广东省还可以利用广州、深圳和珠海的自贸区开展试点项目，允许私营企业在为广东人民提供健康产业和退休产品方面发挥更大的作用，吸引更多的金融服务供应商，尤其是保险公司参与其中。这一举措将推动金融行业发展，同时改善人们的健康状况和财务安全。这与自贸区推动健康服务发展的目标相符合。

作为广东省金融行业的一员，我们建议，为推动产业、金融和科技一体化发展和广东省经济结构调整，应重点关注以下两个方向：

（1）成为国内领先的金融科技创新中心。

（2）提升金融服务行业在支持健康产业和养老金需求方面的作用。

这也将有助于对现代高科技基础设施的持续投资。作为全球最大的基础设施项目投资者之一［美国大都会集团于2016年被《基础设施投资者》杂志（*Infrastructure Investor*）评为"年度最佳全球机构投资者"］及广东省基础设施项目投资者，我们希望为广东省如何吸引更多的全球投资者进入其现代基础设施行业提出一些建议。

（三）成为金融科技创新中心，进一步发展广东省金融行业——沙盒计划

金融科技和它的子集"保险科技"是一个快速增长的领域。尽管这个领域的变化速度和程度对监管者来说有些过快，但金融科技能够拓宽金融行业的触及面，并提升其效率，包括保险、资产管理和退休资助等，为行

业带来巨大的提升空间。当金融科技在这些行业成长时，政府如能在保持合理监管和保护消费者中找到平衡而不阻碍创新发展，必定受益匪浅。成为国家、地区甚至全球金融科技发展的焦点，这一目标对于广东省来说并不难实现，这与"十三五"规划所提出的建立高效的现代金融业，鼓励创新，并部署企业孵化器的目标高度一致。

美国大都会集团是最早一批接触到金融科技潜力的金融服务提供商。因此，我们在新加坡设立了创新中心——未来实验室（Lumen Lab），目的是发展并驾驭创新技术，在保险行业内打造新的业务模式。

基于我们在近 50 个市场中的运营经验和未来实验室团队的专业知识，美国大都会集团发现，建立一个监管"沙盒"——即在指定空间内，金融科技企业可以在一个合理保护消费者的良性、务实的监管环境里追求创新，测试新服务和产品——将有效鼓励金融科技企业发展。沙盒计划能为行业提供一块试验田，同时控制潜在风险和保护消费者。

如能有效开展沙盒计划，该地区将具备优势并成为新一代金融科技中心。中国曾成功借助试点项目帮助经济腾飞，广东省也有管理自贸区的经验，美国大都会集团建议广东省与国内金融监管机构密切磋商，开展金融科技创新计划。

在新加坡和马来西亚开展金融科技沙盒计划时，美国大都会集团和未来实验室团队为两国监管机构提供了重要协助。据我们的经验，对于监管者来说，最有帮助的信息是针对沙盒计划各方面的详细建议。基于我们的过往经验和对未来金融科技发展方向的洞见，对广东省开展金融科技创新计划提出以下建议：

1. 理念

成功的沙盒计划需要政府灵活的处理方式，为企业提供成功的机会，即使在某些情况下失败，也不至于给企业施加过度的压力。

2. 申请流程

政府应确保申请加入沙盒计划的流程明晰、透明。政府应重点关注以下方面：

（1）时间表。监管者应承诺将在指定时间内回复加入沙盒计划的申请，以确保申请流程能够快速推进。沙盒计划需明确说明时间表。

（2）申请流程简单。实际的申请表格应保持简洁。应就如何突出沙盒试验的独创性为企业提供明确的指导，政府应预期这将会很灵活，想法、项目可能随时间而变化。

（3）审批标准明确。应阐明允许加入沙盒计划的要求，允许潜在申请者在提交之前自我评估通过审批的可能。这将增加他们投入资源的能力和意愿。

（4）适用性广泛。创业公司和成熟企业均有资格进行创新，应限制以公司成立时间、经验来判断其是否具备资格的做法。

（5）时间灵活。考虑到创新的本质和技术进步可能影响特定项目的效果，应充分考虑试验项目实际需要的时间。例如，限制时间或将时间定义为12个月在某些情况下将限制企业的发展，尤其是对于时间跨度较长的保险产品而言。引入一年期试验性的保险产品可能需要超过12个月的测试时间，尤其是考虑到客户开发和产品设计都需要耗费较多时间。

（6）分阶段许可。监管者应分阶段对成功的申请者授予许可。这意味着申请者获得"主审批"后即可开始为项目投入资源，同时等待监管者完成剩余所有流程，进而可节省时间，不必等到获得最终的全部许可再启动。

（7）结构多样。政府不应优先考虑和现有金融机构合作的金融科技创业公司，这可能会限制创新。在许多情况下，金融科技公司已独立引入产品和服务，与现有的金融机构形成互补。强调这样的合作伙伴关系可能会限制潜在的创新产品和服务。

（8）允许非居民企业申请。法律方面可能要求企业需在中国有业务，但限制此类企业加入沙盒计划可能阻碍创新的引进。这项条款可能阻碍某些企业参与，进而阻碍人才流动。对此类企业加入沙盒计划的审批可与相关监管机构具体问题具体分析。

3. 提供资金支持

申请成功后，应考虑部分出资支持成功的沙盒计划申请者，以最大化沙盒计划影响力。拥有资金可资助创新的政府机构被视为理想的合作伙伴，可降低申请者的风险，促进更多的创新试验。广东省可考虑提供其于"十三五"规划中规划的 800 个商业孵化器的部分资源，吸引有潜力的金融科技创业公司，为其发展提供资源。

4. 可规模化

如果沙盒计划中的某项试验成功，如合适，广东省应考虑赞助其进行试点，以更广泛地传播该创新成果。

虽然超出了本文的讨论范围，但值得一提的是，如有额外的政策以确保稳定输送具备金融和 IT 技能的优秀人才，这项金融科技创新的成功潜力将更为可观。这些政策可包括关注生活质量、教育机会和人才流动性的举措等。

（四）提升金融行业在支持老龄化社会的健康需求中所发挥的作用

为充分利用金融科技/保险科技变革，广东省可采取另一关键举措，即扩大私营保险公司在为中国老龄化人口提供医疗保障服务中的作用。这将改善人们的健康水平，包括实现"健康2030"目标，即 2020 年将平均寿命延长至 77.3 岁，2030 年延长至 79 岁，而健康行业的发展也是经济多元化增长的另一来源。

此目标与广东省"十三五"规划（2016—2020）所提出的鼓励创新和发展商业健康保险，以支持私营医疗服务发展的重点发展策略一致。

并且，对医疗保险（包括重大疾病保险等产品）关注的提升与中国保险监督管理委员会（以下简称"保监会"）的目标一致，即中国保险业能够提供真正具有保护性的产品和健全的风险管理办法。保监会也出台了一系列法规，包括产品重新定价、治理要求等，目的是确保保险行业以健全、负责的态度满足中国人民的实际需求。美国大都会集团高度重视保险产品，具备世界一流的风险管理能力，此政策动向与我们的理念高度一致，对此我们深感赞同。

借助金融科技和数字化改革之力，私营保险公司在医疗保障领域的作用将实现最大化。通过数字化平台和新技术,保险公司能够接触到更多的人群,提高保险产品渗透率。另外,如能获准合理增加使用金融科技和数字化工具所提供的更先进的分析,保险公司可以开发定制化的产品和服务,更好地满足客户需求。

而通过发展和部署区域卫生信息网络,即在指定区域内建立可共同操作的电子健康记录系统,能够加倍扩大其带来的益处,推动医疗和保险行业创新,最重要的是,能够改善人们的健康水平。珠三角地区区域卫生信息网络的共同发展将帮助广东省从香港和澳门引进医疗管理知识。

保险科技应用和可穿戴产品的发展也将使人们可以更好地识别健康风险和追踪健康状况,进而提升健康水平。美国大都会集团通过为投保人提供更多的此类产品,改善健康水平,并提供更好、更具附加价值的服务。这些新技术尤其适合帮助老龄化人口避免和预防如老年痴呆、糖尿病和癌症等由不良的生活方式引发的疾病。通过保险公司直接或通过与技术公司合作扩大业务范围并提供此类服务,广东省能够改善人口健康水平,并发展为保险业中心。

引领保险产品的数字化发展,也是广东省另一核心发展领域。可考虑建立一个数字化保险中心,促进保险产品通过数字化渠道提升渗透率。该中心应引入多种数字技术、健康产业和保险公司间的合作模式,各取所长,造福消费者并促进增长。

例如,许多保险产品(如为投保人提供重大疾病的一次性诊断费用的重大疾病保险)非常适合通过线上渠道推广。但是,这类产品目前尚未获得全国线上销售许可。

数字化平台可以快速覆盖更多人群,包括许多服务匮乏的农村,扩大保险产品的在线销售可大幅提升保险产品的覆盖率和渗透率。除了建立数字化保险中心以外,广东省还可以考虑支持保险公司在全国在线销售合适的保险产品(如重大疾病保险)的试点计划。

(五)吸引投资支持创新基础设施发展

本次咨询会的主题是"集聚高端要素,促进产业金融科技融合发展",其目的是持续发展广东省现代基础设施,促进高科技经济发展。

湛江和省内其他港口是"一带一路"倡议下海上丝绸之路的起点，广东省可通过打造吸引基础设施投资的良性环境而受益。

如果广东省支持金融科技和健康产业发展，进而促进保险公司发展，将受益于保险公司对长期投资的需求，包括基础设施建设。由于中国保监会不断强调合理的资产负债管理，促使保险公司寻求长期投资于基础设施，以平衡对投保人的长期负债。通过发展保险行业，广东省能够扩大机构投资者，吸引更多的长期融资，推动实体经济发展。

美国大都会集团是全球资产管理的领先企业，积极寻求基础设施多元化的投资机会。

我们偏好投资核心基础设施，包括铁路、港口、机场和受监管的公共事业。目前国内这类投资机会有限，许多项目主要都由银行或国有企业出资支持。尽管如此，我们仍投资了国内多个优秀的基础设施项目。尤其在广东，我们投资的代表性项目包括：

（1）美国大都会集团持有台山和阳江核电项目债券，该项目由中国广核电力股份有限公司提供无条件、不可撤销的担保。来自大型央企的保证给了我们极大的安全感，也降低了建设风险。这些均是极具战略意义的标杆项目，相比本地 AAA 评级公开发行债券价格略高。

（2）美国大都会集团也投资了广东交通集团有限公司公开发行的债券，其作为广东省领先的收费道路运营商，市场地位强大，收入稳定。

广东省可借鉴以下我们在考量此类投资时所关注的核心标准，以吸引更多的长期基础设施投资。有吸引力的基础设施投资项目需满足以下标准：

一是健全的法律框架，包括透明和执行良好的破产程序和担保权的行使权利。

二是经济可行性，有稳定的现金流和监管确定性或强有力的信贷保证。

三是降低建设风险的机制，例如，建设期内有担保的经营项目。

四是良好的透明度，有权限获得项目发起人、发行人和项目的管理和财务信息。

五是平衡风险/回报，和相似评级的公共债券相比有足够溢价，以补偿项目风险和低流动性。

广东省基础设施项目（包括和海上丝绸之路有关的项目）越满足上述标准，长期投资者越愿意提供资金支持。

并且，值得一提的是，中国的中央政府正采取积极举措，发展基础设施投资市场。国务院正为PPP（公私伙伴关系）基础设施项目草拟指导措施。清晰的PPP框架对广东省有益，将吸引更多的全球机构投资者进入国内基础设施市场。

六是为进一步吸引PPP投资，广东省可以考虑提供"一站式"服务，重点支持基础设施PPP外国投资。这能够帮助海外投资者识别投资机会并合理遵循投资法规。这也能够鼓励本地金融服务公司发展强大的PPP专业水平。

（六）核心建议

就广东省"集聚高端要素，促进产业金融科技融合发展"的目标，美国大都会集团针对如何成为创新的金融科技和保险中心提出了核心建议。在良性的投资环境下，实现这些目标将进一步推动基础设施发展。

我们的主要建议如下：

1. 金融科技

（1）开展金融科技沙盒计划，允许创新和试验，即使失败也做到风险可控。

（2）采用明确但灵活的申请流程，允许不同结构和地域的企业参与。

（3）考虑提供资金支持或其他激励计划，吸引金融创新中心向广东省转移。

（4）支持沙盒计划中成功的试验进行范围更广的试点或实施。

2. 健康产业

（1）允许私营保险公司使用创新技术和分析，提升投保人的健康水平。

（2）支持发展和部署区域卫生信息网络。

（3）考虑发展数字化保险中心。

（4）设立重大疾病保险和适用于该销售渠道的其他保险产品在全国范围内的网销试点项目。

3. 基础设施

（1）确保基础设施项目满足长期机构投资者在做出基础设施投资决定时的核心标准。

（2）支持在基础设施项目上采用并发展稳健的公私伙伴关系框架。

（3）提供一站式服务，支持海外PPP投资者。

（七）总结

美国大都会集团很感谢能获得此机会并为咨询会工作做出贡献。我们非常愿意在咨询会期间或在后期进一步和广东省政府就报告中所提出的建议进行深入交流。

我们预祝此次咨询会圆满成功，并祝愿广东省发展成为21世纪创新、促发展的金融服务中心。

第二章　金融科技融合发展　培育增长新动能

题解

金融业服务于实体经济的发展并影响实体经济的外部宏观经营环境，包括全社会的资金总量状况、资金筹措状况、资金循环状况等。这些方面的情况，将会在很大程度上影响到实体经济的生存和发展状况。

近年，为推动建设金融强省，广东金融系统认真落实创新驱动发展战略以及省委、省政府"支持创新、支持实体经济、支持对外开放合作"的总体要求，加快推进金融改革创新各项工作。2007年广东省政府主导成立广东金融高新技术服务区。2014年12月，国务院决定设立广东自贸区并于2015年在广州南沙区正式挂牌。以服务金融业为核心业务的国内外知名服务外包企业及金融机构总部、区域总部纷纷落户，逐步构建一个与国际规则接轨的多层次的金融服务体系。同时，广东自贸区积极鼓励以银行为代表的金融机构加快金融创新发展，强化金融创新与科技创新的联动，大力支持园区建设，极大地促进了广东金融发展及对实体经济的支持能力。

随着整体经济的进步，实体经济也必须向更高层次发展，产业结构转型升级势在必行，这对利用国际资本的层次和金融市场产生了更高的要求。广东的金融市场还存在问题：整体部署存在缺陷，地区发展不平衡；融资支持结构问题，战略性新兴产业、小微企业的融资渠道相对有限，科技金融对创业支持不足；现代信息技术应用于科技金融创新发展平台仍较少；风险管控能力不足；金融产品和金融科技创新无法跟上实体经济发展需要；等等。

对于国际金融的利用，应该更注重"质"，而不是"量"。未来广东除了要进一步扩大吸纳国际资本投资的规模，更重要的是要引入国际金融先进的市场机制和金融科技创新，促进中外金融机构进行深层次合作交流，营造高效的、多层次的投融资一体化环境，同时鼓励当地企业利用国际金融市场对外投资，实现"走出去"。探索政府与社会资本的产业基金、创业投资基金模式推动产业升级、创新驱动型经济建设。依托国际金融市场，鼓励本地企业与国际金融机构合作，积极参与内外融资和并购重组，从而实现优质资产、先进技术的引入，产业链的整合，提升全球资源配置能力。

各位顾问在金融市场有着丰富的经验，部分顾问出身国际知名金融机构，在广东省依托国际金融、推动金融创新发展等问题上，顾问们的宝贵意见给广东带来更多的启发。

一、利用国际资本市场实现产业升级和转型

高盛集团亚太区总裁贺启新：改革开放30多年来，广东始终处于中国经济改革、创新和增长的前沿，不仅在 GDP 上领跑全国，而且在经济结构调整上也率先做出了示范，推动创新发展，积极参与国际竞争，已经发展成为中国经济实力最雄厚、经济发展最快、对外经济贸易最发达、最具市场活力和投资吸引力的地区之一。

（一）经济发展概览

1. 经济总量连续28年稳居全国第一

根据2016年统计数据，广东 GDP 总量接近8万亿元，已比肩西班牙，相当于全球第十五名的水平。近年来，在全球经济复苏缓慢、中国经济下行的压力下，广东仍然保持了经济的平稳快速增长，2007—2016年复合年均 GDP 增长率超过10%。发展的质量和效益也在不断提高，2015年广东 GDP 中第三产业占比首次超过50%，产业结构不断得到优化升级，进出口贸易连续18年居全国首位，形成了全方位、多层次、宽领域的对外开放新格局。

2. 多元化的产业布局

广东省的产业呈多元化分布。从 2016 年按行业划分的 GDP 构成来看,广东工业占比达到 40%,其中先进制造业及高技术制造业的占比较高。广东省的 9 大主要城市都有清晰的产业发展方向,不同地区的城市集群具有明确的分工,为未来省内产业集群的发展奠定了良好的基础,有利于进一步推动经济的多元化发展。

3. 积极利用境内外资本市场

广东的上市公司运用境内外资本市场的广度和深度都位于全国前列。广东在 A 股、H 股及新三板的上市公司数量和公司总市值均位居全国前两名,尤其是在 A 股中小板和创业板,无论是公司数量还是市值均排名全国第一。从整体来看,广东上市公司的数量及市值占全国的比例远远超过了其 GDP 占比。在过去的 3 年里,广东在 A 股、H 股及新三板市场的发行家数与发行规模均位居全国前两名,尤其是在 A 股中小板,无论是发行次数还是规模均为全国第一。在债券市场方面,过去 3 年广东企业的债券发行金额约占全国的 10%,其中交易所债券市场比银行间市场的发行比例略高,说明广东企业相对更偏好流行性高的交易所市场。

4. 高科技领域的强大竞争优势

广东省作为全球性的 IT 制造业基地,一直以来非常注重在科技研发方面的投入,以深圳为首的中国创新枢纽,其有效专利数量在全国各省市中最多。在这种科技研发的优势基础和优良的创新创业环境下,广东将大量科技研发成果转换为商业化应用,并促进了省内高新技术企业数量的快速增长,也涌现出了一批活跃在各个细分领域的行业领军企业(如腾讯、华为、大疆、比亚迪、华大基因、美的等),成为带动广东经济转型的新趋势,使得广东在经济体量和结构升级上均领跑全国。

5. 有利于改革创新的政策环境

近年来,广东省陆续出台了大量政策推动科技创新与产业结构调整,为高新技术产业的增长创造了良好的政策环境。同时，为更好地助力地区经济与产业发展，自 2015 年下半年以来，广东省政府开始加大对中小微企业投融资机制的完善力度，大力推行金融服务创新，为未来科技、金融的融合发展奠定了良好的政策基础。

（二）当前面临的主要挑战

目前，广东经济面临三大主要挑战：

1. 省内经济发展不均衡

广东经济总量位居全国第一，但省内各地区经济发展存在不均衡的问题，其中珠三角地区与粤东西北地区经济发展有较大差异。珠三角地区的人口及土地面积分别占全省约 55% 及 31%，但却贡献了全省 80% 的 GDP。从产业分布来看，珠三角地区以第三产业为主，服务业占产业分布 50% 以上，人均 GDP 高达 11.3 万元，该地区经济结构转型较为成功。而粤东西北地区经济欠发达，第一产业占比近 15%，人均 GDP 不到 3.6 万元，经济转型压力较大，导致广东人均 GDP 落后于浙江和江苏。

2. 产学研一体化体系有待完善

广东经济进一步发展需要依靠产学研一体化体系的构建。尽管政府在逐年加大对教育资源的投入，但广东高校数量和排名与广东经济体量和发展不相称，高考升学率仍处于全国靠后水平。虽然广东有一批行业领军企业，但目前教育资源紧张，产学研一体化体系尚未有效打通，并且本地缺少一流的高等院校，本地人才的培养有待提升。

3. 本地金融机构尚有较大的发展空间

广东仍需进一步发展本地的金融机构并使其在经济发展中发挥更大的推动作用。广东的金融市场极具包容性，一批注册于广东但非本地控股的金融机构如招商银行、广发证券及易方达等公募基金等获得良好发展。与北京、上海相比，广东缺少具有全国影响力的本地金融机构，从广东本地经济、产业发展所提供的机会看，本地金融机构尚有较大的发展空间。

(三) 建议

综合考虑广东当前经济发展的亮点与挑战，我们提出以下建议：

1. 借助境内外资本市场，鼓励企业"走出去"，实现做优做强

与广东经济总量相比，广东企业在沪深市场指数及《财富》世界500强企业中的占比偏低，一方面，广东省还可以继续推进国企混合所有制改革，形成全新的国资投资模式，发挥国有资本对社会资本的积极带动作用。另一方面，鼓励广东企业利用好境内外的资本市场，通过境外上市、跨境并购来做大做强并走向国际化，打造更多的国际一流企业。

2. 打造产学研一体化的国际化体系

当前，广东各城市利用不同的优惠政策广纳人才。未来在粤港澳大湾区教育资源充分整合后，广东可充分利用香港及澳门的优质教育资源，形成大湾区的高校联盟，推动大湾区教育资源整合，并促进粤港澳地区人才的积极流动。鉴于粤港澳地区在产业发展、高校数量和研究能力上都有较好基础，未来广东可以充分发挥其行业领军企业的优势，与高校的研究成果产生积极互动，并通过利用国内外资源，进一步加快粤港澳地区产学研一体化国际体系的建设，实现从广东加工到广东制造到广东创造的转变。

3. 建立高效的投融资一体化环境

在投融资方面，广东可充分发挥其优势并建立高效的投融资一体化环境。截至2016年年底，广东千万元以上高净值人数居全国之首，领先北京、上海及浙江等地，这一现状反映了广东民间聚集了大量的财富，省内资产管理及私人财富管理行业具有巨大的发展空间。鉴于广东公募基金及PE/VC（PE是Private Equity的缩写，即私募股权投资；VC是Venture Capital的缩写，即风险投资）数量均位列全国第二，广东可以利用其在资产管理和财富管理方面的潜力，建立起高效的投融资一体化环境，鼓励本地金融机构把握时机，引导资金在广东寻找更多的投资机会，从而更好地利用本地优势并最终带动广东经济的进一步发展。

（四）结语

作为中国经济发展的火车头，广东也将位于全球经济发展的前沿。我们相信，在粤港澳湾区的战略推动下，广东将迎来新一轮的发展和繁荣。

作为全球顶尖的金融机构，在过去五年中，高盛曾为广东各主要产业的领军企业（如广药白云山、广汽集团、广发证券、中广核电力、碧桂园、美的集团、富力地产、中国平安、招商银行、万科集团、比亚迪等）的境内外融资和并购重组提供专业的咨询服务，并正在为广东十多家企业的并购及融资提供服务。高盛对中国的未来充满信心，对广东的可持续发展保持乐观，我们期待在广东的战略转型中发挥更大的作用，助力广东发展成为国际化的高端制造、科技与金融中心。

二、资本+科技，助力广东再创辉煌

IDG资本全球董事长熊晓鸽：广东毗邻港澳，处于改革开放的前沿地带，社会经济文化快速发展，经济总量连续多年位居全国第一，是中国经济实力最雄厚、开放型经济最具活力的地区。随着全球"工业4.0"和"中国制造2025"国家战略的实施，广东的制造业也随之转型，从传统的来料加工型企业，正在逐步走向产业化、规模化、品牌化的强省。同时，广东的金融业发展基础良好，是名副其实的金融强省，为金融资本助力产业升级提供了广泛资金来源。

随着粤港澳大湾区国家级战略的提出，实现"中国制造2025"，引入新型高科技企业落户广东，助力企业在成长期的高速稳健发展以及整合产业链，实现国际化先进技术并购等产业升级转型需求日益突出。立足广东，放眼全球，建议可以从以下几个方面，借助金融资本的力量满足产业升级转型的需求。

建议一：放眼全球，积极探索获取优质项目源。

通过政府或者政府所属企业，设立母基金（FOF），主要目的是作为出资方（LP），投资海内外的优质股权基金，其目的是通过各业绩优秀的股权和创业基金等，快速接触到具有全球领先地位的优势项目，筛选其中适合的项目进行引进落户广东。

目前全球高科技的创新中心硅谷，国内的北上广深杭等城市的创新气氛浓厚，通过与已有优秀业绩的投资机构合作，一方面可以快速导入资本、技术、品牌、人才、市场、渠道等优势资源；另一方面也可以降低政府对专业人才方面的投入和依赖。通过在海外硅谷，国内各创新之地设立联络点，利用各优秀投资机构的项目资源，借助各投资机构的尽职调查，投后管理等能力。海纳百川，引入适合广东发展的项目落地，从而达到全球海量新兴创新项目为我之用的目的。

IDG资本作为1993年最早进入中国的风险投资基金，在全球的主要门户城市均设有分支机构并开展业务，如纽约、硅谷、伦敦等以及国内的主要城市。与当地政府、企业均有着良好的合作关系，项目来源广泛并具有极大的成长性。

建议二：立足粤港澳大湾区，助力企业快速成长。

在粤港澳大湾区的国家战略下，借助香港和澳门的金融资金平台优势，结合广东的土地、人口和产业升级等优势，打造"湾区产业成长基金"，主要为"建议一"中所引入的全球海量创新项目，以及大湾区原有的优质企业提供成长期金融服务，帮助其在成长阶段少走弯路，可以早日踏上上市之路。

同样地，在成长期基金的设立和操作中，也建议政府扮演着引导和服务的角色，依然通过设立不同行业的子基金，利用港澳的资金平台、国内外融资渠道等方式放大资金使用优势；与各产业中优秀的股权投资基金进行合作，以实现投入小、产出大、见效快等效果。从过去的前店后厂的经贸格局，升级成为先进制造业和现代服务业有机融合。

该成长基金的设立，也有助于"建议一"中的全球化项目引进。让全球的领先项目落户广东，除了土地、人力等基础设施支持外，也有了后续发展的金融能力支撑，为其进入快速成长期解除了后顾之忧。同时，对于已经在广东本地发展的成长企业，也具有助推器的作用。

IDG 资本在 2010 年成为第一批国家发展和改革委员会批准的有资格管理全国社保基金理事会资金的基金管理公司。成立了人民币成长期基金，社保成为 IDG 资本人民币基金的投资人，具有多年的成长期基金管理经验。

建议三：积极探索海内外产业上下游企业，借助资本力量并购提升优势。

随着企业的发展与壮大，其所在的行业会开始面临着行业增长放缓问题，整合需求也日渐凸显。通过收购整合其上下游企业，可以帮助它完成产业升级，在其原来的产品基础上，使之又掌握了尖端的新技术，提升了在市场中的竞争能力。同时，在并购的过程中，可以帮助广东在该产业链上的全方位落地，以产业链形式在地方实现垂直整合，形成产业集群整合，吸引相同产业的上下游聚集。

通过政府或所属企业，设立产业并购母基金、平行基金等方式，与各知名投资机构合作，积极探索企业上下游产业链并购机会。一方面，发挥政府对本地情况熟悉的优势，与本地所支持产业的相关上市公司积极交流，探索其上下游相关产业并购的需求。另一方面，各知名投资机构可以发挥其海内外熟悉的并购标的优势，找到合适的项目标的，并能比较好地谈到这个标的整合，利用投资机构熟悉并购方面的法规、财务等优势。在并购的过程中各自发挥所长，依靠金融资本实现优质资产的引入、实现先进制造业的落地和产业的升级转型。同时对于全产业链集群的落地，提供了引导和支持的作用，对于产业的转型和发展，起到放大倍增的作用。

IDG 资本是国内唯一一家深度布局和运营各个阶段，包括早期、成长期、并购阶段、控股型的多元化股权投资平台。在过去的几年中，成功协助 LED 行业"蓝宝石衬底—LED 外延片和芯片制造—LED 封装—LED 灯具"的上下游产业链间的打通。在产业链整合过程中，多家上市公司成功并购海外优质的知名企业资产，增强了行业竞争力。同时，这一系列的收购顺利协助某地打造了 LED 产业链集群。建议广东也可参照该模式，甄选本地优秀上市公司，通过国内外并购的方式，打造垂直产业链整合，增强企业竞争力，实现产业升级转型。

风险和防范主要体现在以下方面：

1. 对于合作的投资机构应详细了解，谨慎选择

由于以上几点建议中，均需借助投资机构的专业投资管理能力，降低政府方对于专业人才的依赖，便于快速获得增效。因此，投资机构的专业能力、信誉度等显得十分重要。建议对合作方进行全面的尽职调查，包括成立以来的历史业绩、所投资项目的发展情况、团队成员的构成以及该机构的社会声誉等方面。

2. 坚持市场化运作，避免被赋予过多的政策性目标

运用母基金作为有限合伙人（LP）的方式参股基金，坚持所有权、管理权、托管权分离。发挥专业投资机构的优势。产业投资基金直接参股特定产业项目或者跟投相关项目，发挥引导作用。

3. 建立完善的风险考核以及评价机制

虽然坚持市场化的运作，充分尊重参与各方的独立性，但同时也要及时发现在运作过程中可能出现的问题，避免偏离既定的方向。通过建立基金决策委员会，由决策委员会研究决策各基金运行管理相关的重大事项等。同时也要坚持公开透明原则，组织多领域专家，建立评审委员会，接受多方监督等。比如建立定期的绩效评价制度，确保其稳健运作。邀请第三方机构对基金的运行情况进行定期的风险评估。建立高效的反馈机制，如定期报告制度等。

小结：建议通过引入优秀投资机构合作，放眼全球汇聚优质项目落地广东，积极扶持成长型企业其在广东发展壮大，通过并购等方式实现产业链垂直集群整合落地。与此同时实现政府引导资金的保值增值，利用全球智慧，汇集金融资本的力量，助力广东的产业升级转型。

三、关于广东对外投资企业的风险管理建议

MS&AD 保险集团控股公司总裁兼首席执行官柄泽康喜：广东是最早

实行改革开放的地区,也是国内企业国际化经营最发达的地区之一。在全球化日益发展的今天,广东企业不论规模大小应积极"走出去",在境外从事生产、销售、采购等活动,国际化经营急速发展。加之"一带一路"倡议的实施,更是进一步推动了广东企业"走出去",预计今后将有更多的广东企业走出国门拓展业务。

但是,在企业"走出去"的热潮中,由于对投资地的风险信息掌握不足、风险对策不充分,导致蒙受损失甚至影响业务的继续开展,类似事件的发生不在少数。特别是与大企业相比,中小企业的资金、人员等均有限,由于遭受重大损失,被迫从投资地撤退回国,有些甚至可能影响到其国内企业的存续。

对外投资面临各种风险,有些风险对于中小企业来说无法独自对应,只能停止"走出去"的步伐。这种情况下,积极采用风险管理的方法就能够发挥非常重要的作用。广东省政府可以通过提供系统化的风险管理策略,支持企业"走出去",实现广东经济的进一步发展。

本报告以广东企业对外投资的实例和日本企业对外投资的经验为基础,对风险管理的重要性和风险管理的方法进行说明,就广东省政府可独自主导实施的风险管理政策提出建议。本报告如能对广东省对外投资企业的风险管理工作有所帮助,我们将不胜荣幸。

(一) 广东企业对外投资的情况

1. 广东企业对外投资的现状

广东企业历来重视国际化经营,对外投资活跃,对外投资企业数量位居全国首位。截至 2015 年年底广东设立境外企业 6492 家,对外直接投资存量全国最大。2015 年全年有 1190 家企业"走出去",对外投资势头加速。广东对外投资的企业中,约 9 成是民营企业,民营企业大多数为中小企业,不少新兴的高新技术企业也在其中。

如上所述,民营企业成为对外投资的主要力量,有力地推动了广东省的经济发展,但企业在对外投资时会面临资金筹措、风险管理等诸多课题。我们通过本地的保险公司、对外投资支援机构等对现状进行了访谈确

认。以下通过其中两个实例说明对外投资时的共通课题和问题点。(见表2-1、表2-2)

表2-1 对外投资的主要目的地（2015年）

目的地	协议投资额（亿美元）	占比（%）
亚洲	197.1	75.95
大洋洲	29.6	11.4
北美洲	16.2	6.26
拉丁美洲	9.5	3.68
非洲	5.1	1.97
欧洲	1.9	0.74

注："一带一路"沿线国家：18.47%。
资料来源：《中国对外投资合作发展报告2016》。

表2-2 对外投资的主要行业（2015年）

行业类别	占比（%）
批发和零售业	36.3
租赁和商务服务业	28.64
房地产业	10.64
制造业	6.8

资料来源：《中国对外投资合作发展报告2016》。

2. 对外投资企业的实例介绍

实例一：A公司（行业：通信设备；投资国家："一带一路"沿线等国家）

（1）近年来业务急速扩张，除直接投资外，也通过并购（M&A）等方式发展海外事业。

（2）总部对包含保险在内的风险管理没有统一的管理。

（3）被收购的企业沿用原有的组织，总部未能掌握管理主体。

实例二：B公司（行业：服装工厂；投资国家：越南）
(1) 当地负责人风险管理意识薄弱，未探讨风险对策。
(2) 投资地保险安排等风险管理方法普及程度低，相关资讯缺乏。
(3) 未投保，2014年厂房和设备发生事故，损失惨重。

（二）对外投资风险管理存在的问题点

通过上述两个实例及我们的访谈结果可以看出，企业对外投资时面临以下的问题。

1. 缺乏统一的风险管理理念，投资地的风险对策不够充分

(1) 对外投资迅猛，风险对策相对滞后。
(2) 并购（M&A）的对外投资，风险管理主要委托被收购的企业进行，未实现总部集中统一的管理。
(3) 未制定事故发生时的应急计划。
(4) 海外派驻人员人力有限。
(5) 保险安排完全依靠保险经纪机构，未充分把握保险的内容。

2. 省政府有制定一些支持政策，但不够充分，不少企业要独自应对海外投资风险

(1) 已建立出口债权信用保险和保费资助制度。
广东省商务厅、财政厅和中国出口信用保险广东分公司制定了广东企业"走出去"信用保险统保平台实施方案并自2016年1月1日起实施。
(2) 给予单个项目保费金额的70%的资助。
(3) 单个项目每年度获得资助金额不超过500万元人民币。

（三）风险管理概要

全球化、金融危机引发的世界经济骤变、地球环境问题、恐怖袭击多发等，社会环境变化的速度越来越快。在这种情况下，企业面临的风险也不断增大且日益复杂，企业也越来越重视风险管理，以便能够妥善地处理风险。在巨灾、社会影响力重大的事件和事故频发的背景下，以大企业为

中心,将风险管理列为经营战略的重要课题之一的企业数量不断增加。(见图2-1)

企业致力于风险管理的原因有以下几点:

(1) 防范事故和灾害造成的恶劣影响,谋求利润最大化。

(2) 回应股东要求。

(3) 有效开展风险管理工作并积极进行宣传,超越其他企业领先一步。

(4) 在社会公认的容忍标准范围内运作,万一发生事件或事故时,可证明企业已尽到责任。

(5) 终极目标是为了实现企业的持续经营(going concern)。

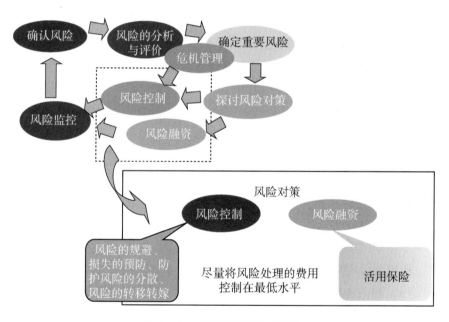

图2-1 风险管理的整体情况

资料来源:转引自《MS&AD保险集团2017年广东省长顾问报告》。

(四) 关于海外风险管理的建议

1. 省政府主导制作《预防和减少损失的方法》《保险投保指南》

在省政府主导下,制作《预防和减少损失的方法》《保险投保指南》,在企业进行对外投资审批或备案时由省内各级商务局提供给企业。

2. 省政府支援制度的扩充及国内保险制度的创设

作为风险管理的一环,为使广东对外投资企业能够进行"合理""必要"的风险转嫁,建议在广东省政府主导下建立以下的制度。

(1) 省政府支援制度的扩充。对现行制度《广东企业"走出去"信用保险统保平台方案》进行扩展,企业根据投保指南在投资地进行投保的,给予企业一定的保费补贴。

(2) 国内保险制度的创设。不仅是已实现对外投资的企业,计划将国内生产的本公司产品、商品投放到国外市场的国内企业,都会面临一些海外风险。通过省政府主导下构建的制度,可合理地进行国内到国外的风险转嫁。

3. 海外保险安排介绍制度的创设

为使对外投资的中小企业能在投资地顺利进行保险的安排,设立由省政府主导的海外保险安排介绍制度。

不需要此项服务的大型企业可自行进行保险安排,不强制执行。

海外保险安排介绍制度流程如下:

(1) 指定在海外有网点的中资财产保险公司,设置省政府介绍窗口,由该窗口向企业介绍海外网点对应窗口。

(2) 指定在海外拥有多处网点且在广东省也有网点的外资财产保险公司,设置省政府介绍窗口,由该窗口向企业介绍海外网点对应窗口。

(3) 指定在广东省拥有网点的国际保险经纪机构或国际再保险经纪机构,设置省政府介绍窗口,由该窗口向企业介绍投资地当地的保险公司。

4. 举办对外投资企业研讨会

省政府主办对外投资企业研讨会，针对对外投资企业掌握不充分的信息进行介绍说明。

（1）构筑风险管理体制的重要性及具体方法的介绍。
（2）预防及减少损失的建议。
（3）根据投保指南在海外安排保险（包含法律法规的说明）。
（4）介绍保险安排情况。
（5）视需要分发投保指南英文样本。
（6）举办个别商谈会。

5. 活用数据区块链技术的保险制度

投保后发生事故时，在与相关人员联系处理后会要求进行赔付。整个流程牵涉多方面和多种信息，处理时不仅耗时，还面临信息泄露的风险。

为解决这些问题，目前在保险领域试行了利用数据区块链技术（一种Fintech）的保险制度。保险合同、事故报告、保险金赔付等手续全部实行电子化作业，与传真、电子邮件相比更为简便且信息泄露风险低，与事故定损人员、理赔代理人员实现信息共享，能够快速、准确地确认投保企业的信息。

此外，能够简便、安全并快速地进行与多个投资地的数据共享、确认及各种手续。

与保险公司通过服务器进行记录的中央集权型数据管理方式不同，数据区块链技术把所有交易记录以数据区块的形式进行链接，网络用户通过密码技术进行信息共享，难以篡改，安全性高，以低成本对分散型数据进行有效管理。

目前，比特币等虚拟货币导入了数据区块链技术，鉴于"记录所有的交易记录"之特征，数据区块链技术有望应用于房地产登记和户籍信息管理等政府行政事项、原材料采购—制造—销售的供应链管理、货物所有权从出口商（经过多种手续后）转移至进口商的贸易活动，现在各国（地区）和各行业都在研究该技术的导入。

6. 支持制度的创设

支持的方式：设立基金池、再保险公司。

（1）承保判断标准化，保险公司不再根据自身情况做出各自的承保判断。

（2）一定范围内把握对外投资企业的投保情况。

（五）结语

今后，广东企业对外投资的势头将越来越强劲，此次我们对对外投资企业的风险管理情况进行了考察并提出了建议。近年来，随着企业面临的风险变得复杂化多样化，若毫无事前准备、仅凭临场制定对策，已无法妥善应对，很多情况下，一个管理失误会对整个企业的存续造成致命影响。而且在海外更容易发生各种难以预料的情况。正因为如此，海外风险管理的重要性和必要性不断被强调。

另外，也存在很多将损失降至最低的事例，它们都具备以下特点：确认真实情况，以最坏情形来制定应急措施，快速的沟通及信息共享，妥当的对策（先后顺序、方法），合理的决策和行动。

此次建议中也提到利用先进的金融技术进行制度构建的各种手法，该内容不仅适用于对外投资企业的风险管理，也适用于国内高新技术企业的风险管理，希望能为广东省经济的进一步发展提供帮助。

第三章　借力高端科技　创新驱动发展

题解

作为我国进行对外开放的先行先试地区，广东省在过去近40年的改革历程中始终处于中国开放的最前沿。凭借发达的制造业，以"世界工厂"闻名的广东得以在各省经济实力上傲视群雄，并在制造业上积累了一定的技术优势和人才优势。对制造业大省广东而言，抓实体经济核心就是抓制造业。强大的制造基础、完整的产业配套、背靠着巨大的母市场为广东制造业发展、产业转型升级提供了保障。

目前世界已经进入了智能制造时代（工业4.0），新一代信息通信技术与制造业融合发展对生产方式和产业生态带来革命性影响。以智能化、智慧化为主要特征的IT技术革命的深化，以及基于新能源技术、新环保技术、生物工程技术、新材料技术等大汇流、大综合形成的新的科技产业革命使得生产模式和商业模式重构，世界经济强国纷纷抢滩高科技领域。信息技术与制造技术的深度融合带来制造业变革。大数据、物联网、云计算、自动化等高端科技的广泛应用使得某一种行业、产品的研发、生产、销售将在空间上被拉近，高端科技的应用和创新成为新的核心竞争力。数字技术在经济价值创造中具有核心作用并为发展、生产及其相关服务的方方面面带来根本性变革。制造技术、产品、模式、业态、组织等方面的创新，将会层出不穷。国务院在2015年出台《中国制造2025》，指出中国必须抓住新一轮科技革命和产业变革与我国加快转变经济发展方式的历史性交汇这一重大机遇，加大科技创新力度，突出创新驱动，积极参与全球产业再分工，形成核心竞争优势。

近年，随着人口红利的消退，广东省劳动力成本上升、产能过剩等问题日益凸显，亟须解决。同时，在国际竞争上还面临强大压力。一方面，制造业离德国、日本等高端制造业国家还有较大距离；另一方面，后起的国家如越南、印度尼西亚等东南亚国家凭借廉价的要素成本在加工贸易和其他劳动密集型的低端产业领域开始侵蚀广东省企业的市场份额。广东在经历了巨大的繁荣之后，已经到达产业结构转型升级、传统制造业向智能制造转型的关键期。广东省目前的制造业主要集中在中低端领域，关键技术、核心部件对外依存度高，自主品牌企业尚未形成规模，缺乏核心竞争力。在人力资本存在高技能人才总量不足、结构问题突出、人才断档、培养质量与效益不高等问题，还不适应发展高端先进制造业的需要。

未来，广东省需要依托过去近40年制造业发展所积累的巨大市场、较为完善的工业体系和产业集群、较为雄厚的电子信息产业基础，积极推动以信息技术为代表的高端科技与产业进行深层次的融合，引育高科技人才，在全省营造创新氛围，推动实现从"制造"到"智造"的转变，建成全球领先的技术体系和产业体系。

各位顾问所在的国家和地区在传统制造业数字化转型、推动智能制造方面积累了宝贵经验，顾问们具有针对性的意见给广东省借力高端科技、推动产业结构转型升级提供了很多的帮助和指导。

一、数字化引领产业升级

ABB集团亚洲、中东及非洲区总裁，集团执行委员会成员顾纯元：

在第四次工业革命中，几乎每个经济体及各个行业都在利用自动化及互联网来提高效率及生产力，这其中，科技和数据的突破创新至关重要。广东省作为中国经济大省和制造业大省，需要通过数字化进行转型，以进一步优化资源、提升效率，从而保持其世界领先经济体的地位。促进产业融合及技术创新能够更好地应对广东在劳动力、交通、工业、基础设施建设及能源消耗方面所面临的挑战。这对将广东发展成为中国创新及科研中心十分重要，同时也契合了国家将粤港澳大湾区建成世界顶级城市群的规划。面对粤港澳大湾区互联互通的新机遇，广东需要打破行政壁垒，通过吸引和留住人才的政策，促进大湾区的交流，激发创新活力。本文将展示

4个通过数字化、自动化和物联网技术实现重点产业升级的案例，阐述ABB如何能够有效帮助广东迎接这个创新的时代。

（一）简介

在目前第四次工业革命的影响下，几乎每个经济体和各个行业都在经历着巨大的变化。这意味着人与人之间的沟通交流、商业运营、城市建设甚至国家管理都在快速融入通过技术和数据连接到一起的全球化的数字化生态系统。

在第四次工业革命中，数字化和物联网技术将成为实现飞跃的关键。技术创新将实现"供给侧奇迹"——在效率和生产力方面取得长期成效。根据世界经济论坛的预测，交通和通信成本将会下降，物流与全球供应链将更加高效，贸易成本将会降低，所有这些都将为我们开辟新的市场，推动经济增长。

2015年至2020年间，全球互联网连接设备数量预计将从100亿台增加到340亿台。这其中只有不到1/3属于智能手机和平板电脑等传统计算设备；而到2020年，我们将拥有240亿台与物联网相关的设备。物联网概念远远超出了设备和材料的范畴，它还包括高级连接、数据收集、数字系统开发，以及从新思维模式和操作方法衍生而来的前所未有的洞察力。

在不久的将来，企业将成为物联网解决方案最重要的使用者，其次是政府机构，他们将借助物联网提高生产力、改善管理、降低成本、提高人们的生活质量。全球城市预计将在2019年前在物联网系统上增加3成投资，达到1330亿美元（8980亿元人民币），同时产生4210亿美元（28400亿元人民币）经济价值。

就中国而言，预计到2025年，物联网将为中国生产力增长贡献22个百分点，为国内生产总值（GDP）增长贡献7～22个百分点，约为10万亿元人民币。中国生产率的提升迫在眉睫，在过去3年中，劳动生产率年均增长仅为7%，而过去20年的平均增速为8.5%。中国正在以持续开展的工业化和信息化的两化融合和技术创新来扭转这一趋势。在中国企业和工业着手实施战略性数字化转型升级之际，部署物联网技术能够帮助他们提高效率及生产力，更好地进行运营管理，打开营销新渠道，加速研发过程。

广东已经在比较高的起点迎接第四次工业革命的到来，数字化技术将帮助广东在电力、工业、交通及基础设施领域实现更加稳定和可持续的发展，助力广东在未来数年保持全球领先经济体的地位。对于广东未来经济的增长和发展，第四次工业革命技术所带来的潜力至关重要，本文将对此进行更加深入的探讨。此外，本文也将根据广东的战略规划和实际情况展示一系列相关案例供参考。

(二) 情况分析

广东省连续28年保持中国第一经济大省的地位，2016年GDP超过7.9万亿元（高于印度尼西亚全国GDP）。同年广东省取得7.5%的同比增长率，而中国的平均增长率为6.7%。

作为中国经济发展的领头羊，广东曾在10年前提出增效节能，以妥善处理环境污染、能源消耗和经济增长三者之间的矛盾，ABB也有幸在2006年年底就与广东省开展了增效节能战略合作。而随着人口红利逐渐消失，广东作为制造业大省，于2008年开始率先实施"腾笼换鸟"，改变依靠大量廉价劳动力驱动的传统粗放型生产模式，推进产业转移和劳动力转移。2015年，广东首次明确创新驱动发展战略，推动经济结构调整和产业转型升级，引进高端人才和创新团队，以更高的效率创造更大的价值。

广东省实施的"十二五"和"十三五"规划旨在以技术驱动发展为导向振兴传统行业，如石油化工、纺织、食品、建筑等，提升全省传统产业的实力。五年计划制定的"加快新材料、新能源、人工智能、集成电路、生物制药、5G移动通信等技术的研发与商业化"的战略也为新兴产业培育更多的增长点提供了指导与政策支持。

1. 挑战

尽管发展势头强劲，广东省仍在人工成本、工业化、运输、物流、基础设施和能源消耗等方面面临挑战。例如，广东的主要工业部门的产业合作率相对较低，产业仍处于全球工业价值链的低端，使得全省整体竞争力受到影响。

广东的省会城市广州面临着一系列相同的挑战。广州市平均时薪比全国平均时薪高出了 1/3，这迫使制造商将生产基地向中国西部、东南亚及其他低成本地区转移。再加上人口老龄化及快速的城市化进程，造成劳动力短缺、薪资成本增加以及本地劳动力对薪水的需求提高。

广州拥有世界级的陆海空运输枢纽，但交通枢纽之间的连接系统不足，这导致该地区整体运输和物流能力受到制约。例如，南沙港物流服务能力尚未得到充分发展。同时，交通拥堵造成环境污染，这与当地积极倡导的可持续发展背道而驰。

在广州市目前的城市能源结构中，一次能源的 80% 仍然依靠化石燃料，其中 35% 来自煤炭。随着城市化的进一步发展，广州市的基础设施将面临全方位的考验。

2. 地区创新战略

广东省正实施强有力的创新驱动型发展战略，2017 年共投入 260 多亿元人民币，以进一步推动"互联网+"、先进制造业和高端制造业的发展，促进支柱产业技术整合，加快跨部门智能升级，通过技术和先进设备实现绿色低碳发展，通过技术和机器人应用提高劳动生产率，实现综合竞争力。广东省还将建设科技创新平台系统与大规模科学设施。这些工作都写在广东省 2017 年工作计划中，旨在实现大规模跨行业升级及转型。

这些举措有助于广东省达成其成为国家科技创新中心的目标，从而巩固其主要城市在创新领域的领先地位。同时，这也体现了广东支持国家旨在加强核心产业建设的"中国制造 2025"行动纲领。

另外，作为中央政府发展粤港澳大湾区规划的一部分，广东的发展有助于大湾区的发展规划，将该地区建成"世界级城市群、先进的制造中心以及全球创新、金融、港口及贸易中心"。大湾区基础设施完备，内接中国内地，外连国际市场，将成为一个大型的产业集中地，并将推动国际交流与贸易自由化。该地区不仅会成为珠江三角洲地区的经济增长引擎，还会带动整个中国经济的发展。到 2030 年，该地区有望超过东京、纽约和旧金山，成为全球 GDP 最高的湾区。

在广东省实施这些战略计划之际，中国正在重新定义其在全球经济中的角色且日益重视创新和物联网技术的发展——研究者认为，这一举措对中国在全球范围内保持长期经济成功具有重要意义。过去20年推动中国崛起的大规模资本投资和劳动力大军扩张不可能无限期地持续下去。相比之下，互联网和新技术则可以推动以生产力和创新为基础的GDP增长。

尽管有人担心自动化将代替人工，造成大面积失业，政府将承担和支付失业人员生活费用，但是，这种担心并未得到主流经济分析的支持。自动化并不会威胁到工人的生存，反而能够改善他们的工作性质，提高他们对经济增长做出的贡献。因为当那些最脏、最危险和卑微的工作能够由自动化设备来完成时，新的工作机会就会出现。即使自动化暂时替代人力，但是，当工人们很快走上新的劳动岗位，他们从事的工作将更有价值。

（三）经验分享：重点行业数字化升级

广东省政府致力于提高工业产能，深化信息技术（IT）与运营技术（OT）的融合，以提高效率、产量和收益，这主要来自于两大驱动力量。

第一大驱动力是中国与全球竞争对手相比自动化水平较低。例如，虽然中国拥有全球规模最大、发展最快的机器人市场，但距离其他发达经济体的机器人发展水平仍有很大差距。国际机器人联合会统计数字显示，目前中国每1万名产业工人仅有49台机器人，而美国有176台，日本和德国约有300台，韩国有531台。这里要指出一点，机器人发展到现在，操控性能在一定程度上已经不能称之为绝对的竞争优势，机器人在不同行业的应用才是为使用者带来更多的价值的关键所在。传统的机器人用于汽车制造业，而随着不同行业（如消费电子、食品饮料、医药、化工冶金、物流仓储等）的不断发展，使用者对机器人的应用也不断地提出了新的要求，帮助他们在瞬息万变的市场环境中提升竞争力并实现更高效益。

另一种驱动力在于广东廉价劳动力供应不断减少。根据国际劳工组织和中国国家统计局的数据，中国的生产率水平不到欧洲、日本和美国的1/10。这种不可持续的现状需要一个长期的解决方案。

对于广东而言，保证未来经济增长最可靠的路线就是通过数字技术、自动化和物联网技术促进重点行业升级。接下来的4个案例将会阐释产业升级能够如何有效解决广东目前面临的挑战。

1. 劳动力成本攀升、产能过剩、结构调整（解决方案：打造智能工厂，提高空前效率及生产力）

在制造业领域，面对着不断攀升的劳动力成本、产能过剩、结构性调整等带来的挑战，数字化解决方案可以帮助传统制造工厂转型成为智能工厂，从而提高企业的生产力、可靠性与竞争力。智能工厂的特点是更高效、更安全、更可靠和更低的管理成本，同时，这些因素也赋予了它们持续的竞争优势。第四次工业革命的技术使得智能工厂能够更好地预估需要，预测并分析制造需求，从而降低成本、节约能源，同时提高整体产出，实现利润的提升。

一家位于中国东北地区的食品加工企业深知必须通过优化运营来保持自身竞争力。经过与 ABB 的合作，该企业安装了定制化的机器人码垛生产线与制造执行系统（MES）。机器人能够快速将物料码放在生产线上，取代了 15 位码垛工人的繁重劳动。而在机器人工作时，MES 系统能够在物料整型、称重、金属检测、喷码、剔除、抓取、码放和入库过程中采集、记录并分析海量数据，提供详尽的生产报告，包括物料的生产信息、重量信息、缺陷信息、条码信息、剔除信息，并提供成品率及次品率的分析数据，将可执行的方案呈现给工厂的管理者。到目前为止，MES 系统已应用于全球 100 多家制造商的生产线。调查显示，MES 全面投入运行后，平均生产周期缩短 30%，生产率提高 20%，运营成本下降 30%。

对于企业来说，高效码垛系统帮助他们实现了基于信息技术的更高水平的车间管理，通过大数据有效地将生产和物流紧密地联系起来。这种解决方案可以复制到其他行业的生产线上，帮助使用者通过自动化控制系统与机器人系统集成的打包方案实现智能制造，用"物联网"思维驱动工业生产效率的提升。

2. 老旧及不可靠的城市电力基础设施（解决方案：以数字化技术取代传统电力设备）

提供更可靠且更可持续的能源，是地区与国家的重要任务。第四次工业革命的技术恰好能够满足确保电力系统可靠性和出色效率的需求。在全球发达经济体,城市和地区通过 IT 与 OT 的融合将传统电力网络转变为新型数字化系统。

2012 年,飓风"桑迪"造成纽约大范围停电,整个纽约地区陷于瘫痪状态。市民、商业和工业无电可用,直至临时措施出台,问题才得到解决。此后,ABB 与当地能源公司 Con Edison 达成合作,以新型数字化技术取代传统电力设备,完成了纽约市重点变电站的大规模升级工作。作为美国同类中规模最大的变电站,该变电站为曼哈顿下城区的数十万客户提供电力。

新型数字化变电站采用光纤电流传感器,淘汰了先前使用的大量铜缆布线和繁琐的测量设备。此外,最新型智能断路器取代了单个的老式断路器,从而减少了维护需求。

数字化变电站将最新的电力设备与数字化传感器和云计算相结合。在过去,变压器、断路器这些重要的变电站资产状态有的无法得到监测,有的依赖于需要人工周期性检查的单独监测系统。而现在通过光纤传感器和其他基于互联网的设备,我们可以随时测量电流、温度和其他参数,得到实时运营数据,并根据情况制定相应的维护策略。

通过坚韧的电网和风暴保护措施,纽约新型数字化变电站将提高供电可靠性,减少未来停电概率。同时,数字化变电站能够节省维修成本,延长资产寿命,占地更小且更高效,减少对环境的影响,提高工人作业的安全系数,这些都将在未来几年为该项电力设施带来额外收益。

3. 确保城市供水免受意外干扰(解决方案:云服务,实现对市政公用事业的实时监控)

云服务和创新技术能够保护和加强关键基础设施系统,并确保其正常运营。

在中国北方,水资源短缺是一个重要的挑战。为了解决缺水问题,国家启动了南水北调工程。其中,北京水泵站向 1100 万人口供水,供水人数约占北京市总人口的一半,该泵站如果遇到任何问题都会对社会带来毁灭性打击,甚至可能危及北京一半居民的清洁供水。

为了规避这样的风险,市政管理者与 ABB 一起制定了一个解决方案——这个重要的基础设施系统配备了全天候的远程云端监控服务，以确保供水安全。通过该系统，操作员可以打破地域、交通限制，随时随地访问基于云的实时数据。同时，专家可以依靠数学模型对大数据进行解析，及时发现问题，并提供专业的预防性维护建议或在线故障诊断和恢复建议，减少计划外停机时间，减少潜在的危险或高昂的损失，提高设备的使用效率。

类似的创新物联网技术也可以广泛地应用于其他重要的基础设施上。数字化技术能够降低风险、提高可靠性，减少长期成本。

4. 保持船舶企业的国际竞争力（解决方案：从运动监控和预测系统着手进行数字化升级）

到2020年，广东省计划实现航空客运量1.4亿人次，港口处理能力20亿吨，建成高速公路1万公里、铁路7000公里。此外，作为海上丝绸之路的重要节点，广东省具有优越的地理和政治地位，在中国对外开放的过程中扮演重要角色。

如果要继续保持贸易、运输和物流中心的地位，广东需要依靠数字化技术保持国际竞争力。为此，广东不仅要开发现有流程，而且还需要开发或整合新流程，从而获得新的洞见，优化实时运行体系的规划和控制。

例如，航运业正面临一系列严峻的挑战，既有业务和运营模式都将受到影响。日益严格的船舶环境监管要求，加之全球船舶市场供大于求的现状，使提高船舶管理效率迫在眉睫。今天，船东和运营商正在大力探索如何利用大数据监控并支持集中式陆上运营中心，从而更好地延长正常运行时间，同时降低服务的维护和使用成本。船载能耗可视性软件、船员决策支持系统等工具均能够确保船员做出安全而有效的决策。

中国远洋运输集团（COSCO）特种运输公司（原"中远海运"）是全球最大的特种航运公司。为积极促进数字化转型，中远集团与ABB合作建立了船舶运动监控和预测系统。这项解决方案结合专用软件与运动测量技术，为受天气影响的海上船只提供决策支持和作业建议。该系统可以对通过船队收集到的所有运动相关数据进行跟踪并进行基准测试。通过监测并预测船舶作业，新系统为遭遇恶劣天气的中远船舶提供操作建议，并在超出临界值时向驾驶台发出明确警报。该系统还能够提醒船员潜在危险，有助于优化航行路线，确保货物更安全而高效地运抵目的地。

现今数字化技术在船舶海事领域的优势显著体现在其带来的收益远远超出增支成本。这些技术能够将船舶运营商技术服务人员的生产力提升1倍，油耗减少5%，维护费用降低近3成。此外，由于检修人员可以在船进港时就解决潜在故障，这也大大减少了因船只故障引起的停工时间。这些解决方案目前已经被世界各地的运营商广泛采用，为他们带来数以千万美元以上的利润。

（四）结论

广东正在努力成为国家科技创新中心、先进的节能及制造中心，以及中国和全球贸易与运输的枢纽。在新一轮技术革命中，工业数字化对于广东实现跨越式发展具有重要意义。

技术革命不是时髦的词汇，也不是昙花一现的短暂趋势。其先进的数字化技术已为国家、行业和个人带来了巨大改变和收益。

广东省面临着数字化带来的重要契机，它力求加强工业一体化，提高制造业生产力和效率。广东也在努力优化基础设施、运输及物流，以确保向市民和商业企业提供可靠电力，继续保持在中国对外开放进程中的领先地位。同时，广东所在的粤港澳大湾区正在以创新理念构建区域合作，以科技为核心营造人才、技术、资本集聚的创新生态系统，对标国际一流湾区和世界级城市群。

创新驱动的实质是人才驱动，随着新一代信息技术的不断发展，行业对人才将提出更高更复杂的需求。培养、吸引和保留大批科技创新型人才和专业技术人才将是广东省制造业由大变强的关键，这需要政策制定者在制度上进行创新和引导，鼓励人才交流，激发创新活力。

ABB已做好准备与广东省共同探索发展机遇，通过领先的数字化技术助力广东省在第四次工业革命中实现跨越式发展。

二、通过制造业数字转型助力广东未来发展

艾默生总裁孟瑟：

我谨代表艾默生和我们的全球员工，感谢广东省政府再次邀请艾默生参加广东经济发展国际咨询会。我们对于能够连续超过10年出席大会深感荣幸。

广东省连续28年保持中国经济总量最大省份的地位，2016年广东省GDP已超过1.15万亿美元，比2015年增长7.5%。如果广东是一个国家，那么其经济总量将紧随墨西哥之后排名世界第十五位，这实在是令人惊叹。广东省省长马兴瑞明确了今年GDP增长7%的目标。马省长还提出，GDP的2.65%将用于研发，目的是促进科技发展，推动创新进程。

广东省乃至全中国都经历了巨大的经济繁荣时期，现在已经到达了一个转折点。传统制造业亟须转型为智能制造，并通过数字技术等实现升级，这已成为重中之重。广东发布了《广东省智能制造发展规划（2015—2025年）》，并提出在"十三五"期间重点培育十大、合共超万亿元产值的产业。广东积极计划打造制造强省，上述举措意义非常重大。

我们非常重视这个机会，同时也深感荣幸能够与所有与会代表分享有关新一代智能制造和数字化转型的观点和经验。我们深信不疑，科技将为推动广东乃至中国制造业的发展而发挥关键作用，并引领制造业进入新的发展阶段。

（一）艾默生在中国蓬勃发展

中国是艾默生的战略制造和工程基地，也是艾默生公司的重要增长市场。艾默生在中国开展业务近40年，我们的战略一直是"在中国，为中国"。

目前我们在华正投资3000多万美元，以深化产业实力，推动生产线升级和自动化，以促进未来发展。这包括在北京投入2700万美元将罗斯蒙特（Rosemount）仪表生产厂从东城迁址到大兴区，目的是在中国进一步升级罗斯蒙特的产能。

截至 2016 年，艾默生已在华设立 30 多家企业，包括 17 家生产设施和 15 个工程中心，从而更快更好地响应中国市场不断变化的需求。

近期我们将公司成功转型为聚焦的两大核心平台，从而确保我们在增长强劲的市场上凭借高度针对性的产品组合保持领先地位。这两大核心平台包括：

1. 艾默生自动化解决方案

艾默生自动化解决方案帮助过程、混合和离散制造商——包括涉及油气、炼油、化工、制药、食品饮料、发电、纸浆和造纸以及采矿等领域制造商，通过优化其能效和运营成本，从而最大化生产，并保护员工和环境。

2. 艾默生商住解决方案

艾默生商住解决方案帮助商住供暖和制冷系统制造商、食品和零售运营商、商业和住宅建造商和维护运营商、房屋主，确保人类舒适度和健康，保障食品质量和安全，提升能效，创造可持续发展的基础设施。

（二）艾默生在广东省的投资及发展项目

艾默生一直与广东省保持长期合作。我们其中一些投入包括：

（1）投资 1500 万美元在珠海建立热敏碟（Therm-O-Disc）工厂，属于艾默生商住解决方案业务的一部分。该工厂专门生产温控产品，并且实现了高度自动化，从而降低运营成本，提高质量，缩短交付时间。通过自动化过程，我们的产能提高了 3 倍，而且能为客户提供更优质的服务。

（2）我们在深圳宝安区投资建立费希尔（Fisher）工厂生产线，属于艾默生自动化解决方案业务的一部分。该工厂是费希尔设备全球仅有的两家制造厂之一。此外，我们实现了财务、需求管理和人力资源等方面的数字化过程，从而提高生产规划和运营效率。

（3）我们在深圳及广州拥有 6 个销售及客户服务办事处。

（4）我们在两家自艾默生分拆出来的公司仍拥有股权，这两家公司在广东省拥有重要的生产基地及设施。艾默生拥有雅特生（Artesyn）科技

（原名为艾默生嵌入式运算及电源业务）的49%股权。我们也在新的Vertiv公司（原名为艾默生网络能源业务）拥有权益。作为艾默生的总裁，我还同时担任雅特生科技和Vertiv公司的董事。

（三）广东的转折点

受制造业向更低成本国家转移，甚至重返发达国家等外部因素影响，加上贸易保护主义有所抬头，广东乃至全中国面临着全新的挑战。这些挑战或许并不算新鲜事，但当前挑战的严峻性是前所未有的。因此，目前的重点是打造新的优势，培育新的增长引擎，推动产业向前发展。目标是促进经济结构调整，振兴实体经济，并实现新一轮繁荣发展。

广东面临一个关键的时间点，只有采取正确的行动才能推动传统制造业转变为智能制造，培养新的多样化人才，促进创新。只有这样，才能为未来打下良好的基调。只有做出正确决策，广东乃至全中国才能优化资源分配，实现实体经济的快速发展，并为传统发展引擎增添新活力。

就新的发展方向要回答以下问题：

(1) 重点应该放在哪里？
(2) 什么事情最重要？
(3) 如何衡量成功？

下面的内容将有助于回答上述问题。

（四）未来制造业的五大发展动力

2017年3月，世界经济论坛（WEF）提出了一个基准框架，可用于评估一个国家是否为未来制造做好准备。该框架的目的是为了更好地了解全球和各国制造体系的变革。在该份报告中，制造业被定义为产品和服务"原料采购—生产—交付—使用—再组合"等相关活动构成的全产业链。

在制定这一框架时，世界经济论坛明确了未来制造业的五大发展动力。通过广泛咨询学术专家，举办一系列研讨会，进行文案研究，并在迪拜2016年全球未来理事会年会上讨论，最终确定了五大发展动力。此外，世界经济论坛还为每一个发展动力提出相关度量指标，从而更好地评估一个国家是否为未来制造做好准备。

这五大驱动力包括：A. 创新和科技；B. 人力资本和技能；C. 监管和治理；D. 自然资源和可持续性；E. 全球经济、贸易和投资。

虽然广东省不是一个国家，但如前所述，广东省本身就拥有庞大的经济体量，因此，我们认为上述框架也能用来分析广东省转型的需求。

1. 创新和科技

在制造业变革进程中，创造适当的条件、帮助企业开展创新并采用新技术至关重要。当前的变革速度意味着，必须做到跨国跨境跨越不同产业和学术领域推动技术创新和转移。

重点领域包括：

（1）科研力度，评估指标是基础科学领域的研发开支、专利数量。

（2）企业使用信息和通信技术的情况，包括接入互联网的速度和成本。

（3）新兴技术的发展。世界经济论坛提出，人工智能、高级分析技术、可穿戴技术、3D打印（三维打印）和物联网等领域的发展和投资是变革进程的风向标。

（4）协作创新和初创公司在催生新理念过程中所发挥的作用，以及初创公司与大企业的互动方式。

广东省已经采取有效措施努力提高研发力度，马省长提出研发投入要占到GDP的2.65%。广东珠三角制造业中心的高科技企业的数量于2016年达到18880家，比2015年增长78.8%。在创新驱动模式的推动下，广东省2016年的发明专利申请数量增长50%。2016年，艾默生全球员工共获得1800多项专利，约1/3来自中国的员工，这充分说明了中国研发领域的强大实力和高质量，以及我们在实践承诺上所做的努力。

2. 人力资本和技能

未来的制造业将是前所未有的知识密集型产业，这意味着需要升级广东人力资本的技能和实力，其将成为制造业变革的关键推动力之一。有关重点领域包括：

（1）教育成果，包括数学和科学教育的质量。

（2）灵活性和适应性，包括在职培训和工程师、科学家的人数。

（3）包容性，评估指标是收入流动性和失业率。

（4）劳动队伍的技能，包括受高等教育的人员占总人口的比重。

艾默生认为，在全球范围内人力资本和技能至关重要。艾默生公司全球共有81000多名员工，我们致力于职业培训和员工发展。全球都缺乏高技能劳动人才。据美国劳工部数据显示，2016年制造业岗位空缺达到15年来最高的水平，目前美国制造业岗位共有超过35万个空缺无法填补。广东省大力投资科学、技术、工程和数学（STEM）教育，并鼓励雇主开展同样的投资，以避免美国目前面临的窘境。

3. 监管和治理

积极跟上生产环境变化步伐的监管和治理工作，不仅有助于促进法规实施，还能解决变革进程中内在的冲突。有关重点领域包括：

（1）数字安全性和数据隐私，包括知识产权保护和落实知识产权法规。

（2）通过电子政务计划在线提供政府服务。

（3）包括税收政策在内的创新激励措施。

（4）海关等贸易壁垒问题。

中国国家政府和广东省政府都鼓励创新和知识产权保护。2016年年底，广东省发布了《广东省高科技企业孵化器项目实施办法》，其中提出了关于本省重大科技产业项目吸引投资的财政激励措施。创新友好型环境和落实知识产权保护对艾默生这样愿意投资广东的企业至关重要。

4. 自然资源和可持续性

自然资源和可持续性要求将越来越多地影响到生产进程中所采用的技术以及创新方向。毫无疑问，在监管日趋严格的背景下环境可持续性只会越来越重要，而清洁制造也将成为一大竞争优势。有关重点领域包括：

（1）能源投入和成本，评估指标是主要能源占GDP的比重。

（2）包括回收率在内的可持续性发展实践。

（3）用水和空气质量。

政府致力于清洁能源和可持续性发展投资,这有利于吸引外国企业到广东投资,也有利于地区投资创新发展。在发展制造业和生产过程中不尊重环境,绝不是面向未来的成功战略。艾默生高度重视这一点,这不仅体现在我们的制造领域,也体现在我们生产的产品中。举例来说,艾默生的科技和应用大力支持核电站、天然气发电项目的安全可靠运营,能有效减少环境中的碳排放。艾默生的科技提供高效的空调、冷冻和食物垃圾处理技术,有助于打造更可持续发展的社会。

5. 全球经济、贸易和投资

世界经济论坛指出,开放的全球贸易是未来制造业的基础。世界经济论坛特别指出:"全球贸易条件的变化将影响全球和本地对于技术和生产方式的选择。"有关重点领域包括:

(1)基础设施的质量和物流绩效。
(2)贸易绩效占 GDP 的份额以及商品出口占 GDP 的百分比。
(3)包括外商直接投资和绿地投资在内的投资。

广东仍在继续投资基础设施。广东省 2016 年为基础设施安排投资 5000 亿元人民币,主要领域包括交通、能源、水利和市政基础设施项目。广东省还十分重视该省相对欠发达的东部、北部和西部地区,并投资 1886 亿元人民币。正确的投资有助于推动长期发展。中国有句话说得好:"要想富,先修路。"

(五)艾默生的建议

毋庸置疑,制造业将继续在中国经济中发挥重要作用。新一代制造业的特点是高度自动化、数字化和智能化。这一趋势并不局限于大型制造商。我们发现,各种规模的所有制造商都能推进智能制造变革。艾默生相信,这能为提高竞争力和效率、推动创新带来重大机遇。从长期看,智能制造和数字变革的大浪潮刚刚开始。

1. 利用最新科技创新推动企业和产业变革

数字变革已经来临,正在改变制造商生产商品的方式,以及企业开展业务的方式。科技发展有四大方向：互联、自动化、分析和人工智能。

根据我们对油气产业的研究，排名前25%、掌握了最新技术的标杆企业能将事故数量减少2/3，将维护成本削减一半，而且每年的生产时间多出15天，同时还能将运营成本降低20%，将碳排放量降低30%。

举例来说，艾默生自动化解决方案被应用到广东中海油惠州炼油厂二期项目和茂名石油改造项目。我们的Plantweb生态系统解决方案充分发挥工业物联网的潜力，将数字智能扩展到整个制造企业，从而有助于提高性能、效率和安全性。我们利用无线连接功能实施现场传感和网络控制，同时Plantweb数字生态系统能根据所接收的数据提供安全、强大的实时洞察力信息。该生态系统的分析功能意味着它能将海量数据转变为可采取行动的信息，从而自动优化工厂运营。

随着信息科技和数字产业在广东的迅速发展，广东省处于有利位置，能利用自身高科技产业实力支持制造业的转型变革。政府和产业协会可通过面向制造商和供应商的线上线下平台分享知识信息。税收减免、补贴等财务激励措施也可用于促进自动化发展，特别是数据收集和分析领域的发展。

政府还可率先垂范，开发自身信息系统，与企业共享数据。这有助于商业决策，也能帮助业界将数据转变为可采取行动的信息。

2. 建立跨界新生态系统

广东省拥有大量成熟的生态系统，一直为所有制造商提供良好的供应基地。产业生态系统对广东的成功至关重要，但同时也需要进一步发展，以满足本省新增长模式的要求。随着劳动力和制造成本的持续上升，越来越多的制造商和供应商正转移到中国内地和东南亚等低成本地区。为保持优势，积极吸引先进制造业，产业生态系统需要进一步发展，以大力支持数字技术。

研究公司Gartner指出，企业日益发现自己身处数字生态系统之中，这个生态系统包括企业、竞争对手、客户、监管者和其他利益相关方，彼此之间交流信息，以电子方式互动。随着数字平台和基础设施的发展，制造商能以高速度和高效率与中国其他地区乃至其他国家的供应商展开互动交流。这有助于实现产业生态系统跨国界发展，突破距离的限制。

更重要的是，数字生态系统能够为企业带来更好的新方法，以促进协作创新。除了能以最佳价格采购适当的部件之外，企业还能通过数字平台交流观点。每个参与者都能为生态系统做出贡献，并让其他参与者受益。此外，企业也能通过合作开展创新，企业领导者应了解并积极利用这一潜力，从而加速实现突破式收入增长。2015 年 Accenture 科技愿景调查发现，81% 的受访企业高管认为数字平台将会把产业重塑为互联的生态系统。

政府为支持新的数字化生态系统发挥了重要作用。投资信息和通信技术基础设施十分重要，特别是对偏远地区的企业来说尤为重要。保护知识产权，确保生态系统内的创新得到保护，有助于提高创新信心，加大创新投入。广东省还可通过政府项目和电子政务计划为企业打造市场和生态系统。举例来说，政府可带头开展智能电表计划，推动居民节电。这些计划有助于创建产业生态系统，鼓励创新，并建立可持续发展社会。

2017 年 3 月，艾默生在华推出了经过扩展升级的 Plantweb 数字生态系统，旨在帮助中国用户应对环保、安全、节能和可靠性等方面的新挑战。这也是艾默生在华打造数字生态系统所做的努力。

生态系统的发展有助于广东保持竞争优势，并支持制造商的转型变革。

2017 年 1 月，艾默生与中国节能协会中国热泵产业联盟合作在苏州培训中心建立首个"中国空气源热泵产业培训基地"。通过在中国热泵产业发展中发挥推动和榜样作用，艾默生与地方政府合作打造绿色清洁环境，发挥生力军的作用。

3. 通过在教育、住房、交通和医疗等领域的投资简化商业模式，改善人民生活

根据过去 30 年来在广东乃至全中国开展业务的经验，我们认为人才至关重要。

近年来生活成本不断增加，这导致企业难以吸引和挽留人才。我们鼓励广东省想办法为广东省居民以及来自其他省的受教育工作者提供低成本住房、教育和医疗服务。

艾默生正在同中国大专院校合作，通过实习生夏令营、教师培训、联合实验室和科技竞赛等一系列合作项目加强创新教育实力，并扩展当地学生的思维和创造力。

我们也建议继续建设和维护基础设施，简化政府办事流程。这两点都有利于企业发展。交通基础设施已得到大幅改进，但一些偏远地区还需要进一步发展。

我们鼓励政府系统内部简化办事流程，这样一来，中国目前还没有的先进设备仪器可顺利进口用于研发目的。广东乃至全中国对艾默生的研发工作非常重要，因此，我们希望与全球其他地区的研发资源实现方便的互动合作，这一点非常重要。

（六）总结

广东正处于制造业数字变革的关键阶段。艾默生相信，通过采用综合全面的一体化工作方法，广东省能将挑战转变为机遇。成功要依靠省政府的远见和社会各界开展工作的能力。变革虽然不能一蹴而就，但对于过去27年一直在中国处于领先地位的广东省而言，完全有实力开启成功之门。

三、创新广东，智在必得——借 AI 势，聚力各方，广东再次引领数字变革

微软全球资深副总裁、微软亚太研发集团主席洪小文：

（一）微软创新在中国

微软作为全球领先的软件、服务、设备和解决方案供应商，自 1975 年成立以来，一直致力于帮助个人和企业用户全面发挥科技潜能，而不断创造新的机遇、价值和体验。中国是微软在全球范围内最重要的创新中心之一，在积极与中国同步共享全球领先技术的同时，微软也在汇聚中国的本土智慧，造福整个世界。微软自 1992 年进入中国以来，不断加大对中国市场的投入，推动与政府、学术、产业伙伴合作，积极打造"开放、创新、共赢"的产业创新生态环境，共创一个更具创新力、竞争力和人才培

养的可持续发展未来。微软目前在中国拥有超过 5000 名员工。

1998 年，微软在华设立研发机构致力于与本地创新生态共成长。从最初的微软亚洲研究院、微软亚洲工程院，到微软亚洲互联网工程院，2006 年，总部位于北京的微软亚太研发集团成立，拥有超过 3000 名杰出科学家和工程技术人员，是微软在美国本土以外规模最大、投资最大、职能最完备的创新基地，覆盖基础研究、技术孵化、产品开发和战略合作等，形成了完整的创新链条。

微软亚太研发集团的三大使命是：成为微软全球范围内基础科研、技术创新及产品开发的核心基地；加强与本地区学术、产业界的合作与交流，为亚太地区培养出一批兼具国际化视角和大型项目管理经验的科技创新的领军人物；深入开掘本地区的新兴市场需求。针对新兴市场独特的应用模式做出高度本土化研发，进而将创新技术成果推广到世界各地。

（二）未来技术趋势

今天我们正跨入第四次工业革命的时代，人工智能、自动驾驶、物联网等成为了这次革命的一些热点。但是，这些前沿科技的发展都离不开云计算带来的强大信息处理能力。

如果说第一次工业革命的发起国在英国，第二次以德国和美国为主导，第三次的主要推动者是美国，那么，中国有很大潜能成为第四次工业革命的引领者。事实上，中国科技企业，他们很多来自广东，在人工智能、自动驾驶、云计算、移动应用、大数据等领域都有全球瞩目的创新能力。

50 多年前，当人工智能破土萌芽之时，计算机科学家根本不曾想到它会发展成现在大家都习以为常的这个样子。

我们生活在人工智能发展的黄金年代。计算机视觉、深度学习、语音和自然语言处理——数十年来曾有无数顶尖科学家不断努力在这些人工智能研究领域，如今似乎每一天都在取得新的进展。

技术的突破把不久前还仅仅存在于科学幻想里的东西，变成了如 Microsoft Translator 微软翻译这样触手可及的工具。与此同时，这些工具也在以多种多样的方式造福人类，帮助我们打破语言的隔阂，让人们能够无障碍地沟通和交流。

由人工智能驱动的技术正变得越来越聪明，而我们也希望能确保以负责任的方式迎接技术的进步——正如微软首席执行官萨提亚·纳德拉去年在谈到人工智能的原则和目标时所说，微软的目标，是要让我们的客户和社会共同享受到技术发展所带来的最大收益。

这是一个未知的领域，但我们深信，今天我们所做的决定将产生深远的影响。

2016年9月，我们宣布成立微软人工智能及微软研究事业部（Microsoft AI and Research），这个新部门汇集了总共约7500名计算机科学家、研究人员和工程师，他们来自于微软全球各地的研究实验室以及必应、Cortana、Azure机器学习等产品部门。

2017年7月12日，我们在英国伦敦举办的一场人工智能活动上庆祝微软剑桥研究院成立20周年，也借此机会首次公开了关于微软研究院人工智能中心（Microsoft Research AI）的消息。这是一个隶属于微软研究体系内的科研和孵化中心，将聚焦于解决最复杂的人工智能挑战。这支由科学家和工程师组成的团队将与微软全球各地的研究院和产品部门的同事展开密切合作，在迎战技术难题的同时，致力于加速将最新的人工智能研究成果转化为产品与服务，让技术尽快为客户和社会造福。

微软研究院人工智能中心的另一项核心任务，是对人工智能研究涉及的各项工作进行整合，将机器学习、感知和自然语言处理等曾经在不同领域发展的技术整合起来。这样的整合将让我们能够更全面地加深理解并开发工具，以帮助解决涉及更多层面的更复杂的任务。例如，利用这种整合的方式，我们可以创造出能够理解语言并进一步根据理解采取行动的方法和系统。

以机器阅读为例，这个新兴领域具有非常广阔的应用前景，例如帮助医生在数以千计的文档中迅速找到重要信息，让医生把宝贵的时间用于价值更高、更有可能挽救生命的工作。

要想做好机器阅读，就必须整合自然语言处理和深度学习等人工智能学科。事实上，微软亚洲研究院的一支研究团队正是以这种整合方式在SQuAD（Stanford Question Answering Dataset）文本理解挑战赛上保持领先地位。

(三) 数字化转型及创新生态系统建议

G20（20国集团）杭州峰会发布的《二十国集团数字经济发展与合作倡议》曾经对数字经济下了一个定义——以使用数字化的知识和信息作为关键生产要素、以现代信息网络作为重要载体、以信息通信技术的有效使用作为效率提升和经济结构优化的重要推动力的一系列经济活动。通俗来说，数字经济是随着信息技术革命发展而产生的一种新的经济形态。随着"云-物-大-智"等新技术的融合，推动了物联网的迅速发展，实现了人与人、人与物、物与物的互联互通，全球数据量大约每两年翻一番，于是人类生产活动的一系列生产要素都需要数字化——数字经济更容易实现规模经济和范围经济，它将成为继农业经济、工业经济之后的一种新的社会经济发展形态。另外，传统的制造业企业也在依托巨大市场和庞大的体系，与互联网融合，不仅带来技术创新方面的正向整合，还导致商业模式的重塑或重构，在制造业掀起了数字化革命。微软也在全球范围内推动各行业的数字化转型，并取得了很多成功的经验，在这一方面可以与广东省有广阔的合作前景。

微软公司认为信息技术的进步和城市的"数字转型"对中国经济的未来发展至关重要。微软愿意将其全球领先的信息技术的创新成果和广东省分享，并携手广东共同研发创新高精尖以满足广东和全国的需求。

以金融服务业为例，微软的目标，是将全球领先的技术平台和解决方案，与中国金融行业各个业务领域的现实需求相结合，推动金融机构在数字化转型中实现变革。金融企业要同时面对严格的政策监管、快速变化的消费需求，以及日新月异的技术更迭。"作为一家平台与生产力公司，微软希望能够以微软智能云平台为基础，将我们在大数据、物联网、区块链、人工智能等领域的先进技术、经验与金融服务业的应用场景和实际需求相互结合，真正推动金融服务业的数字化转型。"

人工智能已经成为各行业共同关注的技术热点，2017年华夏基金与微软亚洲研究院签署战略合作协议，共同研究人工智能在智能投资、智能投顾领域的应用前景，推动资产管理行业的智能化转型。智能投资是双方合作的契机和重点，研究方向包括通过模式识别预测市场走势、基于深度学习挖掘影响市场的重要因素、基于机器学习方法论进行行业轮动的研究、基于大数据构建金融图谱、基于社交网络与应用软件等使用数据，识别并深度了解客户等。

作为一家信息技术企业，我们高兴地看到广东省政府把创新摆在了"十三五"规划的核心位置，把创新驱动发展作为推动未来经济发展的核心战略。下面结合微软公司的现状，谈谈建立"创新生态系统"方面的一些想法和建议。

（四）创新与政府：良好的技术交流环境对创新至关重要

首先，要充分发挥互联网的基础平台作用，推动产业融合和信息交流，就要在技术创新和产业发展中注重互联网的全球互联互通的基本特点，努力使互联网成为连接中国创新和世界创新的纽带。为了做到这一点，我们由衷地希望广东在落实"十三五"规划的过程中能够进一步鼓励中外在互联网创新领域内的交流，共同构建全球统一、协调的技术和产业标准体系，推动全球范围内的互联网和云计算产业市场的建设，从而最大限度地利用好国内国外两种资源、两个市场；在鼓励国际高精尖企业在广东发展、推动广东信息技术产业进步的同时，也能够推动广东快速发展的信息技术企业走向世界。

（五）创新与企业：创新是企业基业长青、保持持久竞争力的密码

当企业将创新作为其文化核心，并不断加大研发投入力度时，企业的创新能力将不断增强。以微软为例，早在1991年时，微软就成立了微软研究院，进行前沿性基础研究。1998年，微软在中国设立亚洲研究院，这是微软公司在美国之外研究员规模最大、研究领域最广、职能设置最全的一个。微软每年都会将收入的13%用于新产品、新技术的研发，2016年研发投入达到120亿美元。

同时，企业的研发不应局限于短期利益和回报，而是关注未来的发展潜力。微软的研发领域既包括面向20年后的前沿技术，也有自然用户交

互技术,以及人工智能等应用技术。

此外,企业在产品创新的同时,兼顾创新工具和平台的建设,秉持开放共赢心态,推动客户和合作伙伴的创新。微软在创新当中既有产品的创新,又有平台性的创新。

(六)创新与市场:优化配置市场要素,建立并完善"创新生态系统"

我们认为,创新除了需要良好的技术交流环境、企业自身的创新意识,还需要市场要素的优化配置及完善的"创新生态系统"。

首先,我要提到的是社会的文化基因,那就是要鼓励创新,而又包容失败。我们要怀着"成长心态"去面对创新的成功与失败,即每个人都能成长、所有的潜能都可培养、任何的思维模式都可被影响,鼓励年轻的创新者和企业员工要保持学习的心态和永不满足的好奇心,勇于改变、敢于冒险,在失败中学习并迅速崛起。正是这样的成长心态,让微软的创新文化历久弥新。

其次,创新驱动是人才驱动,人才的可持续性是创新的源泉,这就要求人才在市场中具有高度的自由流动性,能够在企业之间、体系之间、地域之间以及国界之间自由流动,这对于建设创新型国家意义非凡。在这个全球化的时代,需要有宽广的视野,在全球范围内配置人才资源,建立完善的人才资源库和配置体系,对包括户籍、个人税收、社会保障、子女教育等可能限制人才自由流动的因素进行调整和完善,让人才在不同的环境中自由流动,成为创新的源泉。

(七)创建人工智能的华南硅谷

众所周知,人类历史上最近的几次工业革命,尤其是科技进步的浪潮,都无一例外地带来了全新的产业集聚和产业集群。硅谷,就是大家最为耳熟能详的一个地方,通过大量的大学、研发机构和科技企业,硅谷形成了非常难得的科技生态系统。为了更好地发展广东的人工智能产业,我们建议在广东省建设人工智能的华南硅谷。

产业集聚形成的三个核心条件:

（1）研发人才的集聚。研发资源以及高级人才的培育和供给。

（2）产业链的聚合。各类企业在研发、产品设计和应用上的共享。

（3）产业发展窗口期。是否适合新技术，创新产业的发展的环境。科技行业赢家通吃，很容易在一定的地理区域实现集聚，形成产业带，但同时窗口期转瞬即逝。

广东的优势在于：

一是人才集聚。对于研发人员宽松的环境、自由的氛围，是广东的一大优势。开放和包容，是广东特色。广东可发挥华侨优势，利用外国人才、港澳人才和华人华侨人才，打造人才特区。

二是产业链聚合。广东拥有雄厚的产业经济基础，先进制造业规模不断壮大，以高新技术为代表的战略新兴产业保持高速增长。AI与各行各业的融合创新，将为广东企业创造无限创新动力，创造新产品、新业态和新模式。

三是产业发展窗口期。目前，在中国乃至全球，还没有成熟的人工智能产业集聚地。

最后，我想说的是，已经有大量的研究表明硅谷、特拉维夫之所以成为全球创新高地，与其特有的"创新生态系统"是密不可分的。构建从基础研究、技术孵化、产品研发、创新文化、人才到产业合作于一体的完整创新生态，进一步完善包括基础设施、企业家精神以及完善的法律保障等在内的"软环境"，为创新公司提供全方位的支持。

（八）微软携手广东

微软一直以来将中国视为其最重要的市场之一。在过去的20多年里，微软已将其强大的创新能力根植于中国，每年在华的研发投入超过数亿美元，位于北京的微软亚太研究院已成为微软全球除总部以外最大，也是最重要的研发中心之一。此外，微软也是第一家将全球领先的公有云服务落地中国的外商投资企业。由世纪互联运营的微软云服务自2013年落地以来已经在中国帮助数万家企业和机构打造云生态。

人工智能正在从科学研究转化为现实的产品，而微软将一如既往地坚持我们对于基础研究、开放、协作研究的承诺，致力于与社会各界积极合作,解决我们共同面对的最棘手的问题。

微软和广东省一直保持良好的合作关系,既有高层互访也有踏踏实实推进的项目。例如,早在2014年10月,微软就与广东省政府签署战略合作方案,在物联网、云计算、大数据和软件知识产权保护等多个方面深化合作。未来,微软希望能加强和广东政府和企业的合作,更多地参与广东的数字化转型,把世界领先的科技和解决方案带到广东,打造云生态,进一步助力广东的产业升级、创新发展和城市转型。

四、引进领先科技,促进产业升级

IBM公司全球高级副总裁罗思民:

(一)全球经济发展概述,新兴科技影响及未来趋势

2017年全球经济处于温和复苏阶段,据世界银行《2017年全球经济展望》,2017年全球经济增速将加快至2.7%,发达经济体增速达1.9%,新兴市场和发展中经济体增速达4.1%。其中,数字经济是推动经济发展的动力源泉,通过对不同行业进行创新赋能,数字经济将成为驱动传统经济转型的关键力量。据联合国《2017年全球投资报告》,2017年发达经济体55%的FDI(Foreign Direct Investment,外商直接投资)聚焦于信息科技,转型经济体50%的FDI来源于信息科技。从我国来看,2016年数字经济规模为22.4万亿元人民币,占GDP比重达30.1%;数字经济增速高达16.6%,是GDP增速的2.5倍。

随着信息技术的广泛应用,传统产业与云计算、大数据、人工智能、物联网深度融合后爆发了全新的生命力。当"数字化"应用于制造业,智能制造改变了全球制造业的模式,让生产资料得到最佳配置;当"数字化"应用于医疗行业,提升了诊疗效率,并解决了医疗资源紧缺的难题。未来以数据为核心、信息技术为内生动力的发展形态,将会成为全球经济发展的主流模式。

(二) 广东省经济发展面临的挑战

从总体态势来看,广东省作为经济大省,在经济新常态之下,在"十三五"期间实现经济中高速的增长将面临三大发展挑战。其一,广东省的对外贸易依存度达90%,高度的对外贸易依存度正面临着多重竞争。一方面,全球经济增长疲软导致贸易乏力给广东外贸出口带来阻力。在国际需求持续低迷的情况下,广东外贸也很难再现大规模增长,外贸出口对经济的拉动作用将持续减弱;另一方面,近年来由于国家政策对中西部地区的倾斜,中西部地区在外贸出口方面发展快速,2015年我国中西部地区服务进出口占比为15%,比"十一五"末(2010年)增加6个百分点,使广东又面临着国内的竞争压力。其二,作为制造业大省,以劳动密集型产业为主的产业格局急需调整。原有传统的优势行业(家具、纺织、电子、陶瓷)成重灾区。其三,区域发展的差距问题限制了全省经济的发展速度。2016年粤东西北地区投资出现了下滑,主要原因来自于广东固定资产投资中民间投资比重的持续攀升,而投资绝大部分都集中在珠三角区域,这也意味着在广东全面进入创新驱动的"十三五"时期区域协调发展将面临着更大的挑战。

面对以上挑战,我们也看到广东借助新一代信息技术,正在崛起的新领域。例如:2015年全省的电子商务交易额约3.36万亿元,增长约40%,无论是电商交易总额还是网络零售额,广东都稳居全国首位;在机器人领域,2015年广东机器人保有量4.14万台,占全国18.8%,占全球2.49%;从数字经济看,"互联网+"数字经济指数广东也位居全国榜首。

在此良好的环境背景下,广东应更充分发挥新兴技术在创新驱动中的作用,推动"制造"向"智造"转变实现振兴实体经济;推动共享平台的建设将过剩产能实现有效输出,驱动外贸经济实现优化,引导民间投资实现有效分配利用从而实现区域协调性发展,这将是支撑广东经济实现稳健发展的有效途径。

（三）领先科技对支柱产业升级的意义

1. 人工智能对制造业产业升级的影响

随着智能制造的推广，中国的制造型企业对各类先进的技术在制造业中的应用和探索有着极高的积极性。我们看到各种类型的自动化、数字化、物联化方案在工厂落地，并为企业运营逐步带来实际效益的同时也为企业积累了大量各种类型的数据。部分调研显示，在工厂中约有80%的数据是未被利用起来的。这些绝大多数都是非结构化数据，比如：影像、声音以及生产记录性文档，或者隐藏性数据。因为常规的数据分析手段无法有效解析它们，海量的商业价值有待挖掘，更凸显人工智能应用的必要性。

人工智能技术在各行各业都有着越来越广泛的应用，制造业的产业升级将与之息息相关。IBM 正在和深圳华星光电技术有限公司（以下简称"华星光电"）一起在生产线上实施一项新型的人工智能技术。华星光电是生产液晶面板的高科技公司，生产自动化程度高，流程高效，质量管控严格。在生产过程中有个比较大的挑战是在每一个制成环节后，为保障质量，需要检测面板上的缺陷，并由人工判定缺陷类型。每天生产线上会产生约70万张图片，这些图片需要人工逐一肉眼读取并做出判读。这不仅需要大量的质检员，而且人工判读速度有限，大量半成品需要等待人判读完之后才能走到下一个生产环节，这带来了极大的生产资源的浪费。加上疲劳、经验等各种因素影响结果，质量管控的难度也由此增加。华星光电尝试过一些图像识别工具，但由于图片背景复杂，缺陷面积小，定位困难，变化多样，无法达到预期效果。

IBM 利用我们对于影像识别的多年积累，运用 IBM Watson 人工智能系统的基础模型对各类影像都有极高的识别及学习能力。但要满足华星光电的需求，研发团队还需要开发出有针对性的，具有学习能力的新模型。我们利用生产线上产生的数万张图片快速地开发并训练出了这套人工智能系统，这个系统不仅能从图片中学习还可以和质检员沟通并学习。它在几个星期内就达到了95%以上的判读准确率，并为每一次判断给出自信度值

（比如，99.9%的自信度认为图像中有某一类缺陷）。当它判断自信度较低的时候就会把相应的图片推送给人工质检员寻求帮助，人工复查并做出精准判读后，系统会自动学习判读方法。下一次就不需要寻求人工协助并能自主做出精准判断。这套人工智能系统使用时间越长，它的判读准确率就越高，对人的依赖就越少，而且判读速度极快（毫秒级），还不会疲劳。这不仅可以减少大量人工，而且可以极大地减少生产过程中的等待时间，从而带来生产效率的提高。

这仅仅是一个现实正在发生的例子，制造企业中需要人工质检的环节大量存在，数千万的工人在生产线上重复这类看似简单，但难以自动化并对人的视力有伤害性的工作。像IBM Watson这样的人工智能系统已经通过实际工厂的验证，对助力智能制造及产业升级有着十分重要的作用。

而在制造业之外，IBM Watson这类人工智能系统也有着很好的应用前景。比如，建筑业用无人机拍摄高空或复杂环境的表面影像用人工智能判读工程质量；食品安全方面，食品图片的人工智能分析可以更好发现问题；交通事故责任的判定、医疗影像的判读；等等。人工智能都可以更好、更快地发现问题并给出建议，使政府单位、企业更敏捷、更正确地做出决策，由此提高整个社会效率，助力整个社会的发展。

2. 工业物联网在制造业中的应用

物联网技术近几年的发展突飞猛进，它的应用场景不但走进我们的日常生活当中，也走进了生产企业和环境保护领域。IBM和捷普科技（成都）有限公司（以下简称捷普科技）合作实施了一项物联网项目不仅给企业带来了经济效益，也同时产生了积极的社会效益。

电路板的生产过程中需要使用大量的水资源，相应产生的就是大量的工业废水。工业废水的处理是企业的难题，包括如何有效地配药，降解水中的有害物质；如何实施监测排放水质，并确保它达标。配药依赖的都是经验，水质监控靠定期采样并做化学反应来确定。捷普科技希望通过工业物联网实现两个目标：第一，有效监控排放口水质，并对任何可能的超标排放实时报警。第二，获取水处理过程中的水质数据，并以此为依据进行大数据分析，做出配药比例建议从而实现自动化水处理。

就这些目标 IBM 分两期开展工作。在一期项目中我们利用安装在排放口的水质监测物联网传感器，获取实时数据，并把这些数据传送到我们的 Watson IoT 云平台。在这个平台上搭建水质监控系统，捷普科技的工厂管理人员可以随时通过移动终端看到排水口水质数据。一旦超标，他们的手机会收到实时报警信息通知，工作人员就可以快速响应，防止污染事故发生。自从这套系统 2017 年 3 月上线以来已数次发出有效报警，减少了可能的超标水的排放。IBM 正在准备二期的工作，更多的物联网传感器将会安装到污水处理的各个阶段。运用 IBM 的 Watson IoT 云平台进行更进一步的数据分析指导全自动化污水处理从而实现运营成本的降低，以及水质超标风险的降低。

这项物联网技术可以推广到更多的污水排放及处理企业，实现云平台上的企业互联，这将对整个行业的工业污水的管制带来极其重要的意义。物联网的技术也可广泛应用到其他行业，比如 IBM 在美国的沃尔玛就非常成功地应用物联网技术实现了食物安全的追踪及保障。

3. 区块链对行业升级的影响

IBM 商业价值研究院在 2017 年全球最高管理层关于区块链的调研结果表明：在将近 3000 位各行业的受访最高层主管中，有 33% 正在积极参与或已经考虑区块链，他们正利用区块链将数字化颠覆所带来的不确定性转变为自身的独特优势。

而作为商用区块链方案的全球领导者，早在 2015 年年底就作为创始董事会成员与数字资产（Digital Asset Hub）、JP 摩根、英特尔、DTCC 等业界巨头通过 Linux 基金会发起了超级账本的开源项目（Hyperledger），并为社区直接贡献了 44000 行代码。迄今为止，超级账本项目已经吸引了全球近 150 位企业成员，是目前世界上最大也最有影响力的区块链技术联盟。今年 7 月初，通过 IBM 的关键贡献和社区共同努力，第一个真正意义上能够落地生产环境的超级账本 Fabric 项目全球发布了 1.0 正式版本，为商用区块链项目上线运营和规模化提供了坚实的基础。

超级账本技术委员会主席、来自于 IBM 的 Chris Ferris 总结的商用区块链关键特征包括共享账本技术（DLT）、智能合约技术、隐私和安全技术以及提供可插拔共识算法，这一框架特征得到了业界的普遍认同，目前国内以超级账本为基础的技术生态圈业已形成。

中国邮政储蓄银行已经开始了区块链创新实践，例如，利用区块链进行资产托管业务。未来还将推进动产质押、信用证与其他贸易融资业务等区块链技术在供应链金融方面的应用。

由于区块链能够提升价值链的可信度和透明度，因此，企业可能需要以目前仍无法预见的方式开展合作与竞争。从某种程度上说，区块链不仅仅是一项新技术，它还可能彻底改变企业的运营模式、创收模式以及应对客户、合作伙伴及竞争对手的方式，并且新的业务模式可能会以意想不到的方式发展。基于区块链的业务将对全行业的变革带来长期的影响。区块链技术最具有代表性的特征就是开放，随着行业间的界线日益模糊，开放乃是大势所趋。和锐意进取的同行以及合作伙伴携手创新是成功的必由之路。

（四）如何培养行业创新能力

1. 培养行业创新能力的关键要素

创新的本质是不断变化。从全球发展趋势上看，创新正变得更加开放和谐。创新要靠科学、数据和洞察来推动。培养行业创新能力，需要了解新技术的全部潜力是什么，需要知道客户需要什么、想要什么，甚至是在客户意识到自己的需求之前就能洞察未来。今天，创新不仅是一项行为，更是一项能力和特质。

创新来自于跨角色、跨团队、跨机构、跨地域的通力协作，创新来源于敏捷开放的协作空间。培养行业的创新能力，要寻求合适的合作伙伴共同搭建起开放、协同的创新模式；要创建有益于创新的文化和环境；要设计能够实现创新的机制和基地，以构建相应的组织和生态系统来孵化、执行、验证、实践创新项目，并能够分析和衡量创新项目的成效，以证明创新所创造的价值。

2. 培养行业创新能力的方法

(1) 借鉴全球最佳创新实践。

通过与具有全球最佳创新实践的合作伙伴合作,评估现有行业发展现状,确定在哪些方面或领域存在机会和需求,借鉴全球最佳创新实践的创新理论、方法、经验、技术以及执行模式,根据自身特点,建立起适合自身发展的创新之路。

(2) 开展合作以提高创新能力。

建立和扩大与合作伙伴的创新联盟,发现并确认行业的创新需求或机会;同时,与合作伙伴共同制定计划,鼓励通过在实际环境中学习而获得创新经验,促进对创新投资的支持力度,以合作的方式参与开放式创新协作。

(3) 重塑创新的执行模式。

建立创新基地与平台用于培养可持续发展的创新能力。开放、灵活的创新平台,强大的创新孵化和展示基地以及完善的创新评估流程可以带来巨大的收益。对数据的分析和洞察可以为新的创新机会提供科学的依据。

(五) IBM 对于创新的建议与实践

1. IBM 如何培养创新能力

IBM 的百年发展进程就是对"创新"一词的最好解读。对于 IBM 来说,创新已经成为推动公司前进的力量和企业文化的特质。

从战略上,IBM 通过跨边界合作来培养创新能力,为此,IBM 对一些新的合作伙伴关系和生态系统进行了大量投资:IBM 与苹果公司合作建立起移动客户的企业级平台;IBM 与 SAP 合作提供企业级云平台,既能支持公有云,也能支持私有云,还能支持混合云;IBM 与腾讯大数据联盟,运用 Power 芯片技术在世界"计算奥运会"(SortBenchmark 全球排序竞赛)大赛中打破世界纪录;IBM 与推特建立合作伙伴关系,结合推特的数据和 IBM 自己的基于云的分析能力、客户参与平台以及咨询服务用以帮助企业在如何了解其客户和市场方面进行转型。

在践行"创新"战略的同时，IBM 还成立了专门的机构——IBM 商业价值研究院（IBV），多年来一直针对创新课题进行持续的研究，其不但深入研究创新的理念和方法、剖析成功企业的创新实践，还探讨创新战略在各行业的应用，通过深入的案例分析，帮助不同的行业通过创新实现差异化，为长期繁荣发展奠定基础。

2. IBV 建立的目的、功能和贡献

IBM 中国商业价值研究院 2005 年成立于中国北京，是 IBM 商业价值研究院在全球设立的几大研究机构之一。IBM 中国商业价值研究院的成立，本着"与中国同创"的精神，与中国的合作伙伴一起，共同面对中国的现实问题，共同创新，共享创新成果。

IBV 所关注的研究内容，包括行业的主要挑战、行业发展的趋势、政府议程和全球热点问题，旨在帮助政府和各行业客户识别机遇、解决问题，同时帮助创造新的商业机会，发现和传递价值。其研究内容既包含有深度的行业洞察及研究，比如，对未来 5～10 年内某些行业或某些业务领域的展望及相关的应对方法；也包含有跨行业的研究，比如，如何进行战略变革，如何进行创新，等等，比较着重针对当前的关键问题、热点问题进行深度的分析和价值实现研究。另外，IBV 还定期在全球范围内进行大规模的、针对高级管理人员的专项研究，比如，全球最高管理层调研，从 2003 年至今，访谈了 31000 多名高管，涵盖了 70 多个国家、20 多个行业。此外，IBV 每年还会针对全球不同城市发展趋势给出评价报告（global location trend report），也会针对不同行业的对标能力（benchmarking）给予评估。

IBV 多年来一直被全球咨询行业公认为能够提供最有效的思想领导力（thought leadership），已成为全球最具声望及被广泛认可的智库机构之一。

3. Design Thinking（设计思维）的运用——IBM 客户中心

IBM 设计思维是一个创新的流程和方法论，可以帮助用户定位并解决复杂问题。它是一个以人为本的方法论，从用户需求出发，寻求创新解决方案，并且能够创造出更多的可能性。设计思维通常是一个迭代循环的过

程：可以快速搭建解决方案原型，及时得到用户和项目相关者的反馈，直到锁定最终方案或者是可行性产品。

IBM 客户中心以设计思维方法论为核心，整合丰富的行业洞察以及跨领域的解决方案，帮助客户从不同的维度分析认识自身的业务，管理最终用户，引导客户快速定位瓶颈所在，并找寻对应的解决方案。

除此之外，IBM 客户中心还可以提供全方位的定制化客户体验，业务范围包括：创新解决方案和技术展示，行业研讨和主题技术交流，产品及方案研讨，概念和技术验证，解决方案设计和开发，产品及性能测试等。

（六）携手共建，助力广东产业升级

1. IBM 愿向广东介绍引入世界先进技术手段，促进产业升级

IBM 愿意以"与广东同创"（Made with Guang Dong）为目标，以建立双赢的合作研究战略伙伴关系为基础，充分利用 IBM 全球资源与优势，为广东未来的科技与行业发展模式的突破和创新提供全方位的技术支持，提升广东软实力，促进广东行业转型升级，使广东成为具有代表国家自主创新能力的国际科技创新中心。

在传统的管理升级领域比如在企业 ERP 升级、人力资源管理、供应链及财务管理等，新兴的科技手段比如智能制造、区块链、物联网、大数据分析、健康医疗等领域，IBM 在全球都已经积累了丰富的行业经验，结合本身在 IT 行业的软硬件产品与方案的技术优势及顾问资源，充分调动设立在中国的实验室及价值研究院的丰富资源，可以提供从 IT 基础架构到应用整合，新技术手段融入以及管理能力提升的端到端服务，建立智库体系，协助广东省政府就各重点行业的建设及先进科技手段的使用提供意见，设立且完善管理机制并付诸实施。以区块链为例，IBM 与广州经济技术开发区紧密合作，积极参与广州市区块链产业协会的建设，引入 IBM 大量的国内外专家对区块链方案的可行性及有效性进行深入探讨验证，借助 IBM 在区块链的技术优势和黄埔区产业链布局协助相关企业打通各种壁垒，集聚区块链技术领域的创新资源和产业资源，增强区块链技术领域的创新能力和创新活力；发挥区块链协会合力，以技术带动产业，培育和发

展基于区块链的新兴产业集群，抢占未来发展的制高点。区块链联盟的成功经验也可以复制到智能制造等领域，IBM 将应相关企业或行业协会（联盟）的邀请，携手共建智能制造的孵化基地，把 IBM 全球领先的人工智能、物联网等最新科技及实践带入广东，助力广东产业升级。

2. IBM 将充分调动资源协助广东支柱产业领跑者共建创新中心，引入先进管理机制，加速创新方案转化为生产力，提升企业竞争力

IBM 有成熟的 design thinking 方法论及实践，可以组织 IBM 优质顾问及实施团队，结合省政府对特定行业区域的重点发展规划，协助由省发改委或行业协会提名的支柱产业代表企业建立创新中心试点，引进先进的创新管理及鼓励机制，加速企业创新能力的培养，尽早把企业的实验室科技转化为生产力。同时也可以运用 IBM 在商业智能方面的成果和经验协助龙头企业加速产业的升级，整合优化企业现有 IT 资源，梳理改善现有业务流程，加速数字化变革，大力推广人工智能、区块链、物联网、云计算等先进 IT 技术在生产、交付、售后、平台及流程管理等方面的应用，提升国际竞争力。建议从电子制造行业或汽车制造行业挑选试点，以及自贸区重点窗口企业试行。如果成果显著，可以考虑设立科技帮扶基金在全省同行业进行推广，由广东省发展和改革委员会指导，广东省经济和信息委员会、广东省科技厅协助，各相关行业协会负责，挑选重点扶持的国企、民企进行创新能力的培养及创新中心的打造。

总之，我们建议广东省将创新作为提升核心竞争力的重中之重。创新需要来自所有文化、所有学科的思想领导力，思想的多样性是成功的唯一要约。在市场中产生的创新将会生成进一步的创新，在这个过程中，这些创新将催生出新的行业和新的业务模式、刺激生产力的提升和经济的增长、促进财富积累、创建高薪工作并提升每个人的生活标准。

在这个以技术支撑创新的新时代，广东省应该继续转型和创新。各行业和企业需要突破边界界限进行合作，并以新的方式接入新的生态系统中。此外，广东省还需要投资并应用各种新技术。这样，广东省才能通过技术和创新转型带来更美好的未来。

五、释放创新，打造珠三角未来发展宏伟蓝图

安永全球客户服务主管合伙人卡迈恩·迪西比奥：

（一）简介

数字化革命正改变着商业和社会的方方面面。随着变革步伐的加速，它为能够与时俱进的企业带来了机遇，但企业如果停滞不前，则会被淘汰。企业应积极主动地制定行动路线，投资适当技术，打造鼓励创新的生态系统。

人工智能、机器人流程自动化、区块链及数据分析等技术正在改变整个商业模式，并对企业发展、扩张和运营方式产生重大影响。这一趋势为新的产品、服务和商业模式开启大门，同时又引发创新的本质、全球贸易和价值链、移动与协作，以及企业间互联的不断变革。

但创新不是在真空中发生的。虽然它有时自然而然就出现了，但它是一个系统化、整体化的方法，活跃于有利创新的环境中。成功需要具备诸多因素，这些因素聚集在一起作为一个完整的生态系统所发挥的作用最大。在安永，我们坚信解决方案就在于"三方合力"——政府、企业和企业家携起手来，共同建设适应数字化时代，推动持续变革的经济和社会。

作为中国政策制定的"排头兵"，广东省展示出如何实现经济发展的有效转型。广东省的经济实力、城市密度和消费潜力足以应对新的可持续增长模式。新兴技术与有效的"三方合力"模式的结合将有助于激发创新活力。有鉴于此，本报告就如何把握大变革时代的机遇向广东省提出三个建议：

（1）持续推进与全球经济的整合。

（2）推动对新技术的专项投资。

（3）确保市民拥有一流的生活质量。

安永对广东省释放创新驱动发展的决心表示赞赏。另外，我们非常高兴有机会参加今年的广东经济发展国际咨询会。

(二）摘要

实现包容和可持续的发展是政府决策者的目标。随着技术创新改变我们的工作、沟通和协作方式，决策者正在探索和实施新的方式，将创新融入政府和民营部门。作为一个经济强省，广东省面临的主要问题是如何通过创新和转型推动经济增长。

我们目前处在第四次工业革命阶段——技术进步引发企业、政府和社会转型，其中包括采用区块链、机器人流程自动化（RPA）和人工智能等新兴技术。这些技术从根本上改变了政府提供服务以及企业营商的方式。随着技术变革加速，外加全球经济温和增长、全球贸易萎缩、财政约束、环境问题以及人口城镇化和老龄化日益加快，各国政府正面临着新的挑战。

为了生存、适应和发展，我们必须要找到新的解决方案。科技将是应对这些挑战的关键所在，而创新将是技术驱动型方案和真正"智能"解决方案之间的主要差异所在。另外，多个利益相关团体的协作与沟通对促进政策挑战向创新成果的转化至关重要。"三方合力"——政府、企业和企业家——相互配合对创新驱动社会发展是关键。本报告中引用的案例显示出，通过有效的协作，这三个利益相关团体可以共同制定创新的解决方案，进而增强竞争力，改善经济产出，提高生活水平。

广东省的经济发展在中国和世界均处于领先地位。广东省的经济发展取得了显著的成效，其表现为快速工业化，其数十年来作为中国国民产出最重要贡献省所发挥的作用不容置疑，以及其开启面向全球市场的开放格局。目前，广东省正在向新的经济模式转型，在这种模式下，消费和服务所扮演的角色越来越重要，随着贸易保护主义的抬头，低成本制造优势逐渐减弱，广东省急需建立新的产业模式。

广东省可以成为中国政策制定的"排头兵"，并展示出如何实现经济发展的有效转型。广东省的经济实力、城市密度和消费潜力足以应对新的可持续增长模式。新兴技术与有效的"三方合力"生态系统的结合有助于激发创新活力。有鉴于此，本报告就如何把握大变革时代的机遇为广东提出以下建议。

1. 推动技术专项投资，促进创新

为继续推进制造业向高附加值转型，广东省应着重发展智能制造业，而广东省在该领域已经具有明显的竞争优势。广东省已经宣布多项发展智能制造业的战略和投资。为巩固在这一领域的领先地位，广东省可以推广最佳实践作为现有计划的补充，包括投资本地机器人能力建设，这是战略性新兴产业，需要本地需求加以支撑。

2. 政府、行业、企业家和学术界之间的协作对推动可持续的创新模式也是至关重要的

政府－行业－学术界间的协作已在广东省展开，而通过针对性策略进一步扩大合作将为研发最佳实践，培养本地人才和鼓励规模投资提供重要支持。这可能包括在政府和行业范围内建立有针对性的培训和职业技能培养计划。另外，这些举措还可扩展到为与学术界和政府协作开展高优先级、高科技项目的行业和企业家提供税收减免优惠。

3. 确保市民拥有一流的生活质量

这对吸引外国人才至关重要，在未来的发展计划中需考虑居民幸福感相关的若干重要方面。从环境的角度看，广东省可以强化其现有清洁能源路线图，提升社会经济效益。对高污染煤炭现行补贴或优惠政策进行战略审视，同时对风能等可再生能源加大支持力度，这会进一步加快向更清洁能源转变的步伐，从而改善空气质量。另外，投资智能移动系统也会对减少交通拥堵产生很大作用。例如，广东省可以扩大对基于物联网的智能交通管理系统的投资。最后，广东省可以通过新的商业模式进一步促进享受教育和医疗服务的机会。

总而言之，广东省的发展前景是光明的。广东省业已建立了明显的战略优势，适当的政策和投资将有助其在未来继续保持经济领先地位。

（三）定义未来20年发展的政府政策走向

过去10年发生了重大变革，经济前景不确定，政府工作富有挑战性。

全球经济增长停滞不前，增长速度徘徊在2010年一半的水平。在许多国家，公共债务居高不下，金融市场仍易出现波动。增长放缓使实际工资呈下降趋势，从而导致生活水平广泛改善的前景受到限制。如果有回旋的空间，一些政府可能会通过财政刺激加以应对，财政政策宽松，其程度甚至高于债务水平。保护主义贸易政策短期内可能会增加就业岗位，但也可能限制企业投资和消费支出，从而导致长期经济前景受损。

有鉴于此，政府和公共部门领导对主要经济和政策趋势有何展望？

1. 科技与随之而来的劳动力被取代的挑战

政府不断加大对区块链、RPA（机器人流程自动化）和人工智能等可扩展的突破性技术的投资力度，以期建立更好的服务架构，为市民提供更优的服务。数字化工具可以协助政府更快、更高效地为市民提供服务，响应速度更加迅速，这可以完全改变公共部门的服务效率和范围。本报告第五部分将重点介绍这些新技术以及来自全球的案例分析。

新技术为各国政府和全球经济体带来了巨大的希望，而快速、深入的技术变革亦颠覆了劳动力市场。随着消费、生产和就业模式的改变，劳动力被大规模替代的重大风险也随之而来。有人预计到2020年，15个发达和新兴经济体将净损失逾500万个工作岗位。因此，政府政策还应着重减轻工作岗位被取代所带来的影响，同时最大限度地创造就业机会。

2. 基础设施缺口扩大

老化的基础设施、快速的城镇化以及加速的技术变革使基础设施发展成为重中之重。到2030年，交通、电力、水利和通信需求有望达到约71万亿美元。另外到2050年，基础设施建设需要增加75%，因此迫切需要加大投资力度，这一趋势或一直延续数年甚至数十年。从现在到2030年，仅新兴亚洲地区每年对基础设施的投资就将需要1.7万亿美元，以保持其经济发展势头，维持居民的生活品质，应对气候变化问题。

越来越多的政府寄希望于通过发展基础设施来刺激经济。重建道路、桥梁、铁道、机场和住房可收获创造就业带来的短期收益，也可提升互联经济带来的长期利益，为经济增长提供支撑。这种方式需要公共部门与民营部门广泛合作，创造充足的资金并能充分利用最佳实践投资，同时提供必要的管理技能。另外，基础设施项目容易受到诸多不确定因素的影响，这就需要在进行基础设施规划和设计时加以考虑。目前，由于利率保持较低水平，获取资金的成本较低，这也对投资起到推动作用。

3. 资金不足与高税负

全球经济增长停滞不前，预计新兴经济体 GDP 增长不足 5%，成熟经济体则低于 2%。在许多国家，资金约束与人口老龄化等长期压力意味着需求面临巨大缺口，已经收不抵支。从平均水平来看，先进经济体的债务占 GDP 比重已连续 5 年超过 100%，而且这一趋势将有望继续延续，2021年将达到 105.5%。各国政府提供公共服务的成本不断上升，但预算却持续下降。市民无意增加税费，但仍然要求提供更好的服务，希望物有所值。

4. 城镇化水平不断提高

在当今全球一体化的世界中，超过一半的世界人口（2014 年 54%）生活在城镇地区，到 2050 年，这一数字有望达到 66%。到 2030 年，约 80% 的发展中国家人口将生活在城市中。城市人口增长主要发生在发展中国家，每月将有超过 500 万人迁移到城镇地区。城镇化对政府提供适当的基础设施和公共服务带来巨大压力。为此，政府需要制定战略性城市规划议程，在城镇化过程中实施新技术，提供可持续且有弹性的环境。

5. 人口老龄化与医疗保健需求

到 2050 年，全球老龄人口（60 岁以上）将增加一倍，达到 20 亿。人口的增长主要集中在发展中国家。这将加剧劳动人口的抚养负担，尤其是社会服务资源，进而拉动大量的医疗保健需求。预计到 2060 年，OECD 成员国公共医疗保健支出占 GDP 的比重将从 5.5% 增加到 7.9%，非 OECD 成员国的比重将从 2.4% 上升至 4.4%。因此，政府需要采用创新的解决方案，制定激励措施和商业模式，在控制成本的同时让人们享有更好的医疗保健服务。

(四)广东省:挑战与经济潜力

2016年广东省的GDP达到1.15万亿美元,经济总量连续28年位居中国首位,广东省已经确立了其经济强省的地位,并且做好准备迎接下一步转型。广东省强劲的增长态势可归功于结构性改革、创新以及持续的技术投资。发展以市场为导向的文化,包括专注于制造业和出口,对过去40年的工业化成就和中国经济的改革开放做出了巨大的贡献。位于广东省的珠江三角洲经济区包括广州、深圳、珠海和东莞等9个城市。广东省的经济实力、城市密度以及消费潜力足以使其走上可持续发展之路。

1. 世界瞬息万变

广东省实施以工业为主导的增长模式取得了成功,其核心原则已经在不确定性越来越强的全球经济环境中得到了检验。近年来,全球贸易增速大幅下降。根据国际货币基金组织估算,2012年以来全球贸易年增长率仅略微超过3%,不及此前30年平均增速的一半。全球经济活动前景黯淡,这表明迅速反弹到以前水平的可能性几乎为零。同时,供给侧压力显示,生产大量低价产品出口的做法似乎越来越难以为继。制造业工资上涨,生产力增长放缓以及货币波动都是这种工业模式前景黯淡的原因。另外,除现行模式下的快速增长,负的外部效应也对未来构成挑战。例如,广州和深圳均被列入2016年中国最拥堵10大城市榜单。交通拥堵和人口扩张对空气质量造成严重影响——2016年空气污染指数达到每立方米32微克,明显高于世界卫生组织建议的每立方米10微克的水平。

2. 新工业模式转型管理

广东省拥有雄厚的工业基础,因而有潜力建立新的工业模式,在更好地满足全球市场需求的同时,应对生产力和生活品质方面的挑战。广东省在推动制造业和研发创新方面已经取得了重要进展。例如,为应对高昂的劳动力成本,制造商和政府正在投资自动化和机器人技术。2016年,广东省宣布的基于机器人制造方面的投资达到1500亿美元。在广东省投入运行的工业机器人占中国工业机器人总数的1/3,显示出广东省在智能制造方面的领先地位。

此外,广东省还在发展公共创新平台,改善产业价值链和加强政府 – 大学 – 行业协作方面进行大量的投资。这些举措不仅增加了就业岗位,为农村移民提供了稳定性,也提高了获取高技能人才的机会。2015 年,广东在研发方面的投资占 GDP 的比重达到 2.5%,成为中国创新能力支出第二大省。尽管仍然落后于世界领先国家,例如韩国(4.4%)和以色列(4.2%),但这已经成为广东省的重要标志,也是其能够脱颖而出的重要因素。此外,增加研发中心等政策支持也为研发投资提供了有益的补充。

3. 内需消费与服务优势

广东省是中国最大的消费市场,占中国消费品销售总额的 12%。随着大规模的工业化,广东省经历了快速的城市扩张。2015 年,广东省已经在人口和规模方面超越东京成为全球最大的城市片区。消费者基数增加,可支配收入水平较高,从而带动零售、房地产、金融服务和娱乐等服务行业的增长。这也增强了广东省对新公司的吸引力,包括科技行业公司,它们将为广东省开辟一条新的经济增长道路提供支持。

(五)新兴技术将影响未来的政府政策

世界处于第四次工业革命阶段——技术进步以及新兴技术的采用引发企业、政府和社会转型。这些技术从根本上改变了政府提供服务以及企业营商的方式,颠覆了现有的商业和服务模式、价值链、产品和市民体验。本部分主要探讨可能对政府政策产生最大影响的技术,并对全球的部分案例进行分析。

> **工业革命前三个阶段**
>
> ▶ 第一阶段（18 世纪 80 年代—19 世纪 60 年代）：使用水和蒸汽实现制造业机械化
> ▶ 第二阶段（19 世纪 60 年代—20 世纪 60 年代）：电力和内燃机的应用使大规模生产成为可能
> ▶ 第三阶段（20 世纪 60 年代末—21 世纪 10 年代）：IT 和电子系统的发展开启制造业自动化

1. 机器人流程自动化

工业机器人——旨在执行服务、制造和生产领域各种程式化任务的机器或机械系统——在所有设置中的作用越来越重要。它们可以提高生产力和速度，提升服务水平，提供一致的品质，让工作场所更加安全，成本趋于稳定，服务更为高效。2010 年以来，全球工业机器人存量平均每年增加约 9%，2015 年达到 160 万台。

机器人流程自动化（RPA）正被用于劳动力密集型工作的自动化，成本仅为原来的几分之一。它通常应用于根据各自独立的规则执行的重复性工作，例如交易处理，数据录入、传输、操作和整理以及自动应答。越来越多的机器和软件机器人出现在工作场所，这样的工作环境可以使员工做出更大的贡献，关注参与感更强的工作。

在公共部门使用 RPA 将有助提升运营效率，具体体现在薪资和人力资源职能自动化，服务前导时间缩短，人为失误减少，以自动化方式提升市民体验。

> **芬兰政府的财务与人力资源共享中心**
>
> 芬兰共享服务中心旨在为国营企业提供管理服务,提升效率、品质和多样性。使用软件机器人的主要目的是提高生产力。自动化水平日益提高,将流程相关的例行工作交给机器人,让员工更多地关注其自身的专业工作。

2. 人工智能

机器人已经开始整合人工智能技术——一套能使软件更加智能的工具和程序。人工智能是一个涵盖性术语,囊括多项技术,如机器学习、认知计算、自然语言处理和神经网络。人工智能可以用看起来"自然"的方式与人类互动,再从中进行学习。加速发展人工智能能力,将使一些此前需要人力完成的工作自动化。正因如此,人工智能使政府有可能完善服务模式、消除错误、提供一致的服务质量、提高劳动力安全性、减少使用材料、节省成本和提高整体效率。

在公共事务领域,人工智能预计将协助多个方面的规划和服务,包括公共安全、交通、医疗、国防、环境规划及灾难管理。人工智能还可以通过多种方式辅助降低犯罪率,包括预测性治安管理、改善城市规划、实行公共汽车运营商自行调节调度机制、提高保险索赔准确性以及根据学生答题情况的试卷自动评分。

> **菲律宾政府的灾难管理**
>
> 为了改善灾难管理,菲律宾政府设立了一个智能运转中心。利用"认知专家顾问"这种人工智能技术,该中心提供的解决方案整合了深度分析和数据视觉化,能为应急管理人员提供重要信息,如极端天气情况预警、现场急救人员有关死伤情况的反馈或者建筑物、道路和基础设施的情况。

3. 物联网

物联网利用嵌入式软件和传感器，将日常消费设备和工业设备与互联网连接起来，互相传递、收集和交换数据。物联网连接不同操作、同步机器和生成深度数据的能力使企业有可能优化生产流程、加强监控和改善决策。随着传感器成本大幅下降以及处理能力和宽带连接水平的提高，物联网已准备好在未来几年中强劲发展。思科预计，截至 2020 年，将有 500 亿台设备互联，2014 年为 120 亿台。

物联网正在众多领域释放机遇。在城市，交通运输公司部署智能交通网络，利用全球定位系统（GPS）、监控摄像机的传感信息及其他数据来源监控人群流动，缓解交通拥堵，节省了通行时间和燃料消耗。传感器还能用于传送湿度、空气和水污染水平，更密切地监控环境问题。采用物联网对其他领域产生影响的例子还有智能垃圾和水处理技术，这种技术可以在收集垃圾时节省水资源，提高效率。然而，广泛使用物联网引发的主要担忧集中在隐私泄露、失业以及对技术的过度依赖。

巴塞罗那的能源效率

巴塞罗那已经在城市的几个定向区域安装 19500 个智能电表，监控和优化能源使用。巴塞罗那还在路灯中安装了传感器，根据对人流密度、空气和噪音污染水平的分析，自动调节亮度。统计结果显示，在过去 10 年中，巴塞罗那因智能电表每年节省 5800 万美元，利用智能路灯节省 30% 的能源和 4700 万美元。

---

4. 数据分析

数据存储成本降低和运算能力的提高推动了数据大爆发和分析水平的进步，企业正加紧寻求利用由此带来的机遇。分析技术使企业能够利用从人类、设备和传感器不断收集而来的数据，实时提供富有意义和具有情景关联的洞察，有助于战略性决策和创新。数据分析已经广泛应用于多个行业。

在这个商业颠覆普遍存在的时代,领导者并非简单地使用先进的分析技术改善现有活动,战略性地使用数据正在改变受传统流程驱动的企业,帮助他们变得更有效率,提高服务质量,减少风险,指导新计划。

应用数据分析已经开始帮助政府监控公共设施,减少交通拥堵,捕捉教育潮流,监控公共资源。随着大数据在政府中发挥越来越大的作用,一些主要问题将需要得到解决,包括隐私担忧以及网络窃取储存在政府数据库中的保密信息。

> **荷兰的"智能堤坝"项目**
>
> 荷兰政府正在利用传感器测量水压、温度及其他堤岸和堤坝强度的指标。传感器将这些测量数据传输至堤坝数据服务中心,该中心通过分析数据寻找有坍塌迹象的堤岸。利用分析技术,荷兰政府发现实际上只有三个区域的堤坝需要加固。相比加固所有堤坝,数据分析帮助荷兰节省了约 80 亿欧元。

5. 区块链

区块链是交易的分布式数据库或数字分类账,在计算机分布式网络上共享。区块链上的每个记录都是一个独立的交易记录,被分为一组且被共同批准的交易为一个数据块。每个数据块都是安全的,包含的交易均由多数投票的方式确认,因此,想要合谋批准欺诈性交易非常困难。任何可以被一个数字识别的物理或数字资产都可以反过来通过区块链进行追踪。因此,区块链可以用于物理和数字资产的交易。这是在金融服务行业对区块链最为众所周知的应用,不过,区块链已被应用于许多行业。

区块链正在接受测试,计划用来改善由于当前的基础设施或服务模式而被视为不可靠、昂贵或低效的运营领域。虽然这么做的潜在获益也许需要几年时间才能显现,但是,许多政府和企业仍然在利用区块链尝试确定具有附加价值的应用方式。鉴于区块链有可能使分类账更加透明、可信和高效，这项技术正在快速获得关注。区块链具备多种可能的应用方式，包括清算和结算流程，记录合同、租约、契约和房地产交易，以及自动交易和物联网连接设备间的互动。

在公共领域采用区块链可以简化数据管理与数据安全，从而提高服务的整体效用和效率，还能帮助政府增加透明度，减少欺诈行为，实时执行合同，降低交易成本。

> **爱沙尼亚的电子健康记录**
>
> 爱沙尼亚是发展基于区块链服务的领先国家，将该技术广泛应用于多个记录管理系统。例如，爱沙尼亚电子健康基地正在利用区块链转移100多万病人的健康记录。该系统将确保公民健康数据的存储安全，实现对病人状况的实时监控。

6. 3D打印

3D打印（3DP）或"增材制造"是将一个数字设计制作成一个三维实体物品的过程。该实体物品的制作过程需要不断添加材料，如塑料、橡胶、砂岩、金属、合金甚至人体细胞，才能生成固体的3D物品。3D打印已经被汽车制造商、牙医、医生、修复学、航空公司、消费品生产商、建筑师和建筑公司等采用。例如，汽车制造商已经运用3D打印制造样品和制成汽车零件。

对于政府而言，3D打印有众多好处，包括减少产品投放市场的时间，将制造业转移到偏远地区，高效的供给运营和具备成本效益的快速发展，以及贸易价值链从生产到出货的普遍转变。随着许多非法物品（枪支、导弹和毒品）在理论上可以在本土制造，3D打印可能会带来国家安全风险。此外，尤其针对国防领域的专利设计进行的网络盗窃可能使一个国家很容易遭受攻击。

（六）政府、企业与企业家之间的协作将是推动创新的关键所在

如本报告第三部分所言，人口众多、自然资源稀缺和资金有限正在迫使政府为了生存、适应和发展从全球范围内寻找新的解决方案。科技将是应对这些挑战的关键。例如，据预测，到2020年全球"智能城市"市场规模将接近7600亿美元。但是，单靠科技不能解决当今世界面临的社会、环境和物流问题。创新将成为技术性方案与真正"智能"的解决方案之间那个关键的区分要素。

在私营部门的帮助下，中东某国政府正在搭建一个专用数字平台，使企业能够发展数据分析、诊断和电子学习等领域的能力。根据企业各自的成熟度，该平台会为其提供定制的发展道路。政府、私营部门和企业家通过该平台联手加速当地的经济发展。

这一切的关键在于合作。要想将政策挑战和科技转变为创新成果，多个利益关联方的合作与投入是关键。利用政府、企业和企业家这"三方合力"，将是创新及推动为民间社会提供更优成果的关键。

为了使创新思想和创业思想繁荣发展，需要五大支柱，广东省政府对于各个支柱都肩负重要职责。这五大支柱为：融资渠道、教育、协调支持、监管和税务以及文化，彼此之间紧密联系。例如，一个企业家身处同行、前辈、投资人、竞争者和政策制定者组成的网络之中。任何监管变化都会影响到企业和企业家。并且，企业做出的任何投资或战略决策也会影响到政策制定者和其他市场参与者，包括企业家在内。

尽管"三方合力"对于驱动变革的影响力体现在多方面，包括年轻人就业和创造财富，但是，其影响力在支持创新方面展现得最为明显。通过有效协作，政府、企业和企业家能够共同制定出创新的解决方案，加强竞争力，增加经济产出，提高生活水平。

全球有许多例子可以说明生态系统对于创新驱动发展的有效性。美国的硅谷就是一个很好的例子。在硅谷，有一所专注于产业和商业的大学（斯坦福大学），政府领导的技术、国防研究项目也迁移到这里，风险投资产业兴起，当地和国家文化均支持创新和承担风险，这些都是具有决定性

的因素。得益于此，硅谷在技术上取得重大创新，支持一些世界最大科技企业的建立与发展，富有影响力的诸多科技得到发展，初创企业层出不穷。其他例子还有加拿大的安大略省和渥太华省，在那里政府从融资、监管和推广三方面推动创新，有助于新技术公司和创新的发展。与此同时，政府还支持当地大学领导的研发工作，促进了对必要人才和技能的培养。企业家、金融家和企业结成的强大网络，同样支持着培养敢于承担风险、合作与创新精神的文化。其他经济体也正在采用这种生态系统，比如，智利的"启动智利"（Start-up Chile）计划，受此推动，相关成果已经开始显现。

（七）广东的未来发展之路

颠覆性技术为世界各国政府提供了显而易见的机遇。对于广东省而言，将新兴科技与行之有效的"三方合力"生态系统相结合，能够巩固现有的经济成果，推动广东省走上经济可持续发展的道路。这些驱动因素如能以有效的方式组织起来，将支持广东省更好地融入全球经济，加强创新，提高竞争力，最终为市民提供更好的生活。以下是我们为广东省提出的建议。

1. 推动对新技术的专项投资

作为经济改革发展的领头羊，广东省可以将创新思维应用到对技术的战略投资。

智能制造业是广东具有明显竞争优势的一个领域，为了继续推动制造业向高附加值产业转型，广东省已经公布了几项采纳智能制造的战略和投资计划，设立自动化中心，在工厂中采用工业机器人。上述投资可以拓展广东省在机器人领域的本土能力，辅之以最佳实务，巩固其在智能制造领域的领先地位。这是一个战略性新产业，广东省在2015年已经对机器人和自动化投资了1500亿美元，当地需求支持着该产业的增长。而且，当地超过半数的大型企业预计在2017年年底之前均采用机器人制造。进一步向航空和高级生物技术等附属产业扩展，可能成为机器人战略规划的重要部分。鼓励使用专门的外国投资发展多个高科技产业集群，世界上已有几项范例可以表明这一策略的成功性，比如新加坡。其政府从全球领先的公司获得外国直接投资，用于发展世界一流的高附加值电子产品、零件和精密工程集群。

如本报告第六部分所言，政府、产业、企业家和学术界的协作对于推动可持续的创新模式至关重要。政府－产业－学术协作已经在广东省实施。2015年下半年，一家以色列领先的技术研究所Technion宣布计划在中国建立第一所以色列－中国大学，获得广东省和汕头市政府的支持，广东当地商界领袖也捐赠了1.3亿美元。拓展和效仿这样的合作协议可以有助于激发研发最佳实践，培养本土人才，鼓励大规模投资。做法包括在政府和产业界推行定制教育和职业技能发展项目，机器人领域的跨学科项目——涵盖软件、硬件以及所需的核心技术专门化，有助于输送科学家及其他掌握专业技能的劳动力。有全球范例可以说明政策如何在推动能力建设、投资和创新方面发挥作用。例如，澳大利亚政府拨款支持一项培训项目，发展机器人产业，提高工人的编码技能。

从更广泛的角度而言，支持政府－企业－研究者之间的协作还可以进行实验试点、联合研发以及税收优惠或减免，使产业界/企业家与学术界和政府在高优先级和高科技项目上合作。广东省还可以进一步拓展其清洁能源产业的发展。例如，新加坡政府计划在未来五年投资40亿美元用于产业界和研究人员的合作项目。项目重点为应用研究，开发新产品和新服务，支持用于创新的种子基金，加大高科技出口。

2. 确保市民拥有一流的生活质量

保证一流的生活质量，是广东省吸引顶尖人才、延续其经济成功道路的重要条件。广东省城镇化程度较高，人口密度不断增加，这一趋势需要得到有效的管理。这意味着，在未来的发展规划中需要考虑关乎居民幸福生活的几个重要方面。

其中一方面是环境问题。未来，广东省可以强化其现有的清洁能源路线图，寻求更好的社会经济成果。从战略角度审视现有的重污染煤炭补贴或减免措施，能够进一步加速向清洁能源的转变，并有助于改善空气质量。针对清洁能源发电的定向补贴推动了中国几个省份的产能提升。广东省还可以考虑像迪拜和智利那样拍卖发电权，让有竞争力的可再生能源生产商和分销商与传统的市场参与者竞争。这有利于发展清洁能源的优势，最终实现成本削减。

投资智能交通系统可以对减少拥堵产生重大作用。目前，我们可以看到几个突出的例子。比如，广州已经采用智能交通信号灯，在中国城市中排名智能交通首位。不过，扩大投资和采纳率将产生更加巨大的影响。一方面，广东省可以增加对物联网智能交通管理系统的投资。世界上，例如在欧洲、澳大利亚和美国，一些人口密度较高的大城市地区所在的省份采用了上述技术，已经极大地改善了交通状况。作为该"智能"系统的延伸，还可以重点考虑开发自动驾驶汽车。广东省近期承诺用大约760亿美元作为基础设施投资，智能系统是有效推动该笔投资的重点考虑事项。

作为各项计划的补充，积极主动的人才吸引策略也可以促进提高市民的生活质量。可以制定定向项目，吸引金融和科技人才前来广东。还可以推出一项全面计划，包括为高需求群体提供税收减免，为国际人才提供签证和安置支持服务。此类项目已经在中国实行，其中就有北京的一家特别服务中心，为中关村高科技中心的外国人员提供永久居住服务。此举可以为广东省制定类似项目提供基础。投资品牌和市场推广活动，包括社交媒体平台在内，也可以为打造顶尖人才对于广东省的认知和吸引其关注发挥重要作用。

推动教育资源和医疗服务的普及同样重要。这可以通过搭建市政府领导的电子服务平台，也可以通过学校、医院及其他医疗机构向民营供应商进行战略性采购。这方面已经取得了重大进展。广东省政府已经批准在省内其他城市复制湛江市的医疗改革。改革要求在全省的乡镇建立医疗机构和一体化管理服务，改善广东省的医疗保健体系。这可通过数字技术和信息系统的战略性一体化得到进一步强化，支持一体化的医疗保健以及健康分析，从而也能有助于提高效率。从全球范围来看，一些区域层面的政府提供了最佳实践的范例，如澳大利亚的新南威尔士州。病人或医疗的电子记录以及联网的供应商可以为该州的市民提供更加有效的服务。

（八）结语

当今世界日新月异，广东省聚焦创新驱动发展将有利于其在这个变革的环境中求发展。广东省的经济发展在中国和世界均处于领先水平，拥有经济成功的良好记录。广东省具备重大战略优势，因此，具备条件把握住新兴技术发展的潜在机遇。通过构建以合作促发展的生态体系，加以正确的政策和投资支持，广东省在经济发展中的领先地位有望在未来得以延续。

第四章 集聚高端要素 共建智能"大湾区"

题解

湾区经济是当今国际经济的突出亮点，是区域经济高级形态，以高开放度的发展模式引导较大区域范围经济发展。国际一流湾区如纽约湾区、旧金山湾区、东京湾区等，以高度开放性、区域融合性、创新性和国际化为其最重要特征，具有开放的经济结构、高效的资源配置能力、强大的集聚外溢功能和发达的国际交往网络，发挥着引领创新、聚集辐射的核心功能，在带动全球经济发展和引领技术变革中起到极其重要的作用。

2017年3月，国务院总理李克强在政府工作报告中提出，研究制定粤港澳大湾区城市群发展规划。广东的广州、深圳、珠海、佛山、惠州等9市和香港、澳门两个特别行政区形成的粤港澳大湾区，具备建成国际一流湾区和世界级城市群的基础条件。从世界知名湾区的成功实践可以概括，湾区的成功需要以下因素：一是便利的海陆交通，天然的优良港湾，发达的路上交通。粤港湾大湾区拥有货物吞吐量居世界前列的深圳港、香港港和广州港，地铁和城际轨道交通发达。二是配套的交易中心。粤港澳地区拥有香港交易所、深圳证券交易所。香港是国际重要的金融中心，深圳金融近年发展迅猛。三是重要的制造业中心。广州等9市拥有一定的制造业基础和较为完善的产业体系。四是科研机构和院校的人才输出。粤港澳地区高校林立、科研院所众多。

湾区发展，也是城市深层次融合的过程。大湾区未来可以从加强基础设施互联互通、打造全球创新高地、携手构建"一带一路"开放新格局、培育利益共享的产业价值链、共建金融核心圈、共建大湾区优质生活圈等六个方面重点谋划。当然，中国不止一个湾区具备成为世界级湾区的潜力，如渤海湾、杭州湾、胶州湾等。未来湾区发展最为强劲的动力将是互联网科技、技术创新。阿里巴巴和网易总部位于杭州,携程、饿了么、陆金所为上海注入了强有力的互联网血液。虽然深圳也拥有腾讯这样的明星互联网企业,但近年,广东省在互联网、信息化技术创新发展、相关人才体系构建仍有较大进步空间。未来粤港澳大湾区发展应尤其注重利用各市优势,取长补短,推进信息化技术创新与应用,完善相关人才体系建设和提升科研能力,这也是广东省产业升级最为便捷的途径。

各位顾问对世界知名的湾区经济实践都有深刻的认识,对于广东省聚焦粤港澳大湾区经济发展能提出具有针对性的意见和措施,十分具有启发性。

一、以粤港澳大湾区为契机驱动广东金融和科技产业融合

汇丰集团常务总监、香港上海汇丰银行有限公司副主席兼行政总裁王冬胜:

(一)背景

在中国改革开放的初期,香港和广东省凭借"前店后厂"的经济格局,成就了珠三角"世界工厂"和香港现代服务业的地位。如今,粤港澳大湾区的建设将加速新一轮的经济融合,大湾区城市群也将会成为全球创新、金融、航运和经贸的重要枢纽。

20世纪70年代末,作为中国改革开放的试验场和"排头兵",广东省先行先试在全国实施改革开放的基本国策。自此,广东省经济实力迅速增长,不仅成为中国对外贸易的门户和制造业核心地区之一,更在全国31个省和自治区中脱颖而出,成为本地生产总值最高的省份。2016年,广东省GDP达到7.95万亿元人民币,同比增长7.5%,增速高于全国6.7%的平均增长水平。

很多人把过去的5年看作中国经济转型的开端,成功摆脱过往以出口为主的模式,并以消费带动增长。与此同时,广东的经济转型升级主攻高

技术和创新产业方面的发展。工业化、廉价的劳动力和制造业曾经是广东经济飞速发展背后的强劲推动力。但如今，这些因素正在逐渐衰退。广东经济增长的新驱动力将会是更完善的经济结构、创新以及消费。这一切都正在实现中：

针对劳动成本上升，广东省政府和当地制造业正在积极投资发展机械自动化生产。

为了缓和两极分化，省政府通过鼓励劳动密集型制造业由城市转移到乡镇，以促进农村地区的发展。

为继续担当全国科技创新的先行者，省政府高度重视科技研发投入，计划于2017年前将研发开支占GDP的比重由2015年的2.5%提升到2.65%，务求把创新项目作为经济发展的主动力。2016年，广东省便新增8000家高新技术产业相关的企业，并计划于今年年底，把高新技术企业由去年的19000家增至23000家。目前，许多技术行业巨头，如华为、中兴、腾讯和美的等，都把它们的生产和科研基地驻扎在广东省；广东省的消费和服务产业也在蓬勃发展，推动了经济结构多样化。去年，全省消费品总销量超过了3.5万亿元人民币，按年增长10.2%。服务业占省GDP的比重也在10年中增长了8.5个百分点，于2016年达到52.1%。

在这一变化的驱使下，中央政府制定"粤港澳大湾区"发展规划，将泛珠三角地区的城市群建设为具有全球竞争力的粤港澳大湾区。从区域战略上升为国家战略的粤港澳大湾区，也将成为内地新一轮经济对外开放的"桥头堡"，进一步推动华南地区与港澳的深入合作。

在地域上，粤港澳大湾区城市群覆盖广州、佛山、肇庆、深圳、东莞、惠州、珠海、中山、江门在内的广东省9个城市，以及香港、澳门两个特别行政区。

考虑到地理条件优势，大湾区的发展将立足于产业互补分工、融合再造和重塑区域经济空间结构，这无疑将创造不可限量的经济增长。诸如：

1. 深圳：制造与创新中心

深圳是中国的高新科技和创新的领头羊。这座城市已由"世界工厂"转型成为了"中国的硅谷"。另外，中国内地两大股票资本交易市场之一的深圳证券交易所，在促进国内股票资本市场发展与交易的同时，通过深港通带领国际投资者投资当地上市的高新技术公司。

2. 广州：贸易中心

广州市力争成为国际贸易枢纽、年轻初创企业的驻扎地以及全球《财富》500 强企业亚洲总部的所在地。市政府也推出一系列措施，以降低经营公司或初创企业的成本，比如将营业税改为增值税（营改增）。此外，作为中国与 21 世纪海上丝绸之路国家和地区的关键衔接点，广州市也正积极扩充其交通运输能力，在中国与这些国家间建立起更完善的海、陆、空衔接。

3. 香港：亚洲金融中心

香港是全球领先的自由贸易区和金融中心，也是内地获取国际资源、资本和人才的门户。香港不仅具有成熟的金融体系、开放友善的入境政策、较低的税率以及完善的法律体制，还有先进的服务业，比如金融服务、会计、审计与项目管理。

4. 澳门：旅游及休闲服务业中心

澳门的战略定位是旅游与休闲服务业的中心，未来更是文化交流与国际合作的枢纽。

结合以上城市的优势，加上广东硅谷的能力和机会，将能大大提升中央政府愿景的实现，这个区域优势将在全球合作与竞争中释放巨大的潜力，晋升为国际重量级的创新、金融、航运以及贸易中心。

中央政府为大湾区的发展规划，对服务业及创新科技、金融和贸易所定下的目标，将与美国旧金山湾区、纽约湾区和日本东京湾区等全球知名的海湾地区抗衡。

在土地面积、GDP、资源以及人口方面，粤港澳大湾区已经远远超越了旧金山、纽约湾区和东京湾区。

粤港澳大湾区拥有 6671 万人口，占地约 56000 平方公里。

2016 年，粤港澳大湾区的 GDP 高达 9.35 万亿元人民币（1.4 万亿美元），占中国内地 GDP 的 12.6%（中国内地 2016 年 GDP 为 74.41 万亿元人民币）。这里汇聚 4 所世界排名前 100 的大学和 16 家全球 500 强企业。（见表 4-1）

表 4-1 粤港澳湾区与世界三大湾区比较

	中国粤港澳湾区	美国旧金山湾区	美国纽约湾区	日本东京湾区
人口（万）	6671	715	2340	4347
面积（万平方米）	5.6	1.79	2.15	3.68
GDP（万亿美元）	1.36	0.8	1.4	1.8
第三产业（%，GDP）	62.2	82.8	89.4	82.3
世界排名前 100 大学数量（所）	4	3	2	2
《福布斯》500 强企业数量（家）	16	28	22	60

资料来源：泛珠三角合作信息网。

世界绝大多数成功湾区发展的共同点在于，拥有发达的服务产业、国际金融中心、科技创新中心和交通运输枢纽。这些特征也呼应了中国对粤港澳大湾区的规划。目前，大湾区和全球最成功的湾区之间还存在发展差距。

以旧金山湾区为例，硅谷位于旧金山湾区南端，早在 20 世纪 70 年代已开始发展创新工业，因其强劲的创新能力而成为享誉全球的前沿科技中心。2015 年，南湾不断壮大的科技公司为旧金山湾区贡献了 2230 亿美元。

旧金山湾区成功的关键可大致归纳为以下三点：一是牢固的教育和学术研究基础；二是大量的创业投资基金；三是拥有一个奖励成功案例，推崇科技人才、创新技术和人脉网络的大环境。

前两点是可以创造和改善的硬件条件，广东省在这方面也已经取得了很大的进展。比如，深圳已经蜕变为一个堪称"中国的硅谷"的制造业龙头，许多知名的科技公司也纷纷在此落户。深圳市超过 4% 的 GDP 用于技术的研究与开发，比重是内地平均值的两倍，大部分的资金来自民营企业。然而第三点，也是旧金山湾区的成功关键，即培养奖励成功的文化、驱动经济发展和决定区内生活品质的人才。在这一领域，粤港澳大湾区还需要时间去赶超。

而纽约湾区的特色是蓬勃的金融和证券交易中心，是华尔街的心脏。相比之下，粤港澳大湾区，可通过香港与深圳更深度的合作，促进海外资金流入该区发展中的科技公司，并提高市场竞争力。

此外，基础设施建设也是全球湾区建设的主要课题。修桥补路十分重要，其中大型桥梁的建设更是常见的基建元素之一，比如东京湾跨海大桥、旧金山的海湾大桥以及金门大桥都是著名的范例。

中国的大湾区在地铁和城际轨道交通中投入了大量的资金。长达142千米的广深港高铁预计于2018年第三季度完工。将来乘高铁从香港到深圳福田边境只需14分钟。同样地，即将建成全长42公里的港珠澳大桥将会把香港国际机场至珠海的车程从4小时缩短至45分钟。

纵然其他湾区发展成绩有目共睹，但粤港澳大湾区无法比拟的优势却是来自中央政府的支持，这也是大湾区的独特之处。如各地政府可以平衡和有效地利用这一优势，大湾区发展将会硕果累累。反之，则这项独特的优势会变为湾区发展的障碍之一。

要加快建设粤港澳大湾区，我们应在与国际对手竞争的同时，学习借鉴他们的发展经验。对此，我提出以下几方面的建议，以供省政府和各位领导参考。

（二）提呈广东省政府参考的建议

1. 内地和香港、澳门应紧密合作，创造一个和谐的监管环境，配合当地的银行和创新金融机构的发展

此报告所提及的湾区都经过长时间的发展和市场演变才有今天的成绩，而粤港澳大湾区战略面对着来自于现有体制的挑战。三地政府的运作模式、法律体系、监管和市场制度、货币、金融架构以及合规要求都有所不同。

为加快区域一体化建设，应思考如何加强区内多元化经济活动的优

势，把重点放在货物、资金、信息、金融和人才的流通上。相关的建议如下：

（1）以创新的合作模式突破体系限制，建立区域协调发展模式。

三地政府应考虑共享区域概念，结合政府服务，以降低行政费用，改善公私营决策过程，提高协调会议的效益，增强非政府组织机构的功能。

广东省政府可以考虑建立一个综合控制中心，运行一些试点方案及创新改革措施。这不仅将使大湾区发展计划在经济全球化的框架下更大程度地发挥其影响力，也会进一步促进区域一体化发展。

①在粤港澳大湾区构建一个集中商业注册系统，以防止出现多个注册系统造成的程序性和合规性问题。例如：如果一家在线支付企业想要服务整个大湾区，它可能需要分别在内地和港澳地区申请营业执照。一个粤港澳大湾区通用的跨境数字支付许可证和监管政策，将有助于简化此过程。

②对于一些从事非敏感行业且需要在大湾区不同城市获得营业执照的企业，建议将它们在任何一座大湾区城市获得的营业执照，能自动有效应用到其他大湾区城市，实现执照互认。

（2）建议广东省政府可考虑针对大湾区建立特别工作组或委员会，以加强合作和协调。

加强三方政府的日常沟通，建立更紧密的合作机制对粤港澳发展至关重要。在香港和澳门回归祖国后，粤港和粤澳就已经开展了协调会议，并于2003年开始扩充，例如《内地与香港关于建立更紧密经贸关系的安排》的公布。然而，这些良好的基础仍未在协调和管理方面充分发挥作用，很多问题仍然是各方独立解决，重大议题如跨境协调等议题的进度仍然缓慢，区域协调所能带来的优势尚未能发挥。

我建议在以下两个层面建立委员会或工作组：

①从政府层面建立协调委员会，从政策制定方面入手，协调、整合和布局符合当前各方的比较优势，以及长期产业改革和升级的发展方向。这种协调职能可以解决广东省与两个特别行政区间不同制度下的管理挑战，在大湾区内构建可行的经济合作框架。

②另一层面则由行业牵头，成立涵盖不同行业、行业组织、监管机构和专家的跨境工作组，促进更频繁的沟通，推进计划和项目的落实。这些

工作组也可以就政策改革和改变提出意见从而加快协调和融合。

2. 推动金融科技，联通大湾区

不管以任何标准衡量，中国都是全球金融科技的领导者，在电子支付市场更是遥遥领先。

世界各地有许多类似微信或支付宝的支付功能，但是，它们是以分离的形态出现。例如用于在线购物的支付系统 Stripe 或贝宝（Paypal），主要用于店内支付的苹果支付（Apple Pay）或安卓支付（Android Pay），以及用于朋友间转账的 Facebook Messenger 或 Venmo。而在中国，这些不同的支付功能已经被整合到同一平台上并被普遍采用。据中国工业和信息化部统计，内地约有 4.25 亿人使用手机钱包，占手机用户总数的 65%，手机电子钱包渗透率为全球最高。香港的智能手机用户则会根据不同的需求使用不同的应用程序，例如用 WhatsApp 软件进行聊天和用 PayMe 软件进行对等网络（P2P）转账。

然而在粤港澳大湾区内，并没有一个跨境通用的数字解决方案。主要原因是香港和内地的管治和监管制度、合规要求和结算平台均存在差异。

中国正在从现金向无现金支付的转化，其演变速度比任何国家都要快。这主要归功于快速的城市化进程和旨在鼓励非现金支付的政府政策。客户可通过一部智能手机上的社交信息软件，处理众多烦琐的事务，从在过年给亲朋好友发派红包、超市购物、支付出租车、购买电影票，以及到餐厅付款等。从小型街头小贩到大型连锁店，中国的大量商户均已接受手机支付，最受欢迎的无非是支付宝和微信。

与内地不同，香港人还是以现金、支票、信用卡和八达通为主要支付方式。例如，八达通之所以受欢迎，是因为它可以捆绑信用卡，每当卡内出现负值时就直接通过信用卡充值。相反，内地的支付应用程序在香港的渗透率有限。内地人喜欢这些支付平台带给他们的便捷。香港人则对资金的安全和个人资料的保密较为谨慎。

我建议进一步推动金融科技发展，加强大湾区内的数字支付联系，以鼓励商业发展，以带来更畅顺的客户体验。

（1）广东省应扮演推动和监管者的双重角色，在大湾区营造一个平衡的监管环境。

省政府可考虑邀请相关机构合作,共同制定电子支付的法律和监管框架,包括合规交易监控,以及在"认识你的客户"、防范金融犯罪和反洗钱程序中使用的尽职审查工具。广东省政府可与香港和澳门合作,为金融和科技企业创造机遇,例如,将重点聚焦在云计算、区块链和人工智能等新兴产业,帮助金融市场适应和遵守新的法规。

(2)在平衡和安全的监管环境下,香港和广东的银行和科技企业可考虑对接后端系统,以助建立跨境通用的数字平台。

例如,汇丰已成功在香港推出流动支付功能——PayMe。这个应用程序已具有成熟的基础,并符合监管和合规要求。如果在数据分享、储存和其他监督政策配合的前提下,银行和科技企业可以把现有的后端系统连接,这样内地和香港的客户,就可更自由地在同一平台上,享受支持当地货币又发展成熟的 P2P 支付平台。当然,这也要符合内地资本外流管理的限制。

而这种合作方式比较棘手的方面在于数据的分享和储存。在互联网的支持下,海量数据可被收集,然后迅速地被处理和传输,并储存于不同的地方。广东省政府可考虑为银行和科技企业铺设安全且周全的云方案,并制定相关的数据传输、储存和保障法例。

(3)将前海深港现代服务业合作区(前海)打造为发展协调中心和试点。

广东省政府可考虑进一步打造一个专注发展金融科技、完善的创新生态系统。这有助于将前海建造成全球领先的金融科技中心,支撑大湾区的高新科技和可持续经济发展。

①建立一个监管沙盘,允许金融科技创新的各利益相关方通过实践和改良,加强与创新企业、业界和监管机构之间的合作。广东省政府可考虑引入数家主要银行和科技企业作为起始合作对象,以显示有关的合作得到企业支持,同时展示前海支持金融科技发展的潜力。全球不同的沙盘模式摘要如表 4-2 所示:

表4-2 全球不同的沙盘模式

国家/地区	设立沙盘对象	申请参与测试的条件	产品/测试上限
英国	金融科技企业和授权机构	必须参与竞逐（一年两次）以取得参加测试的资格	对参与测试企业设定限额，测试为期10周
新加坡	金融科技企业和授权机构	长期接受申请	不适用
中国香港	只对授权机构	与个别银行协议测试范围	与个别银行协议时间表
澳大利亚	只对小型金融科技企业	无须申请，符合要求的测试对象只需提交通知	上限为100个零售客户及12个月的测试期

资料来源：《汇丰2017年广东省长顾问报告》。

②一个有利于培育创新的环境，方便使用且设计完善的金融科技创新实验室是基础的配备。广东省政府可考虑与香港合作，吸引金融科技初创企业到前海开设办事处。

③广东省政府可鼓励和促进国际金融机构与在前海的国内领先金融科技企业合作，推动金融创新。此举同时有利于金融机构和金融科技企业加快在区内的业务发展，让科技成果可复制并在全球应用，凸显前海在成为全球领先的金融科技中心道路上的成就。

（4）善用现有优势、资源和基础设施，建立协作性的金融科技生态系统。

在未来几年，金融科技的创新和采纳将会为银行业带来更多的重大转变。传统的银行和创新的金融科技初创企业要想取得成功，双方应积极寻求协作的机会，联手打造一个共融和强大的生态圈。

金融科技企业协作，不只为了追求"下一个亮点"。双方的合作应以提升产品设计能力、简化产品使用程序，而且加强全天候服务等范围作为重点。通过紧密的合作，让双方互补不足。

在这个共赢的合作链中，银行可以考虑尽快引入最新科技，为客户提供先进和更具价值的服务；而金融科技企业可以通过与具规模的金融机构合作，与现有的服务供应链对接，获得所需要的资金和拓展市场的机会，解决市场经验和监管人手不足的问题。

在这一过程中，省政府可考虑担当主要协调人的角色，将金融机构、科技创新企业和风险投资等不同的利益相关方和投资方联系起来，强强联手才方能有所成。我建议：

①支持各种交流和配对活动，把业务需求和潜在的解决方案联系起来，创造更广泛的合作机会。

②创建一站式门户网站，为初创科技企业提供所需的相关信息和资源，并借此平台为相关方的合作搭桥引线。

③创建企业孵化器或加速器。通过竞赛，挑选具潜力的初创金融科技企业提供培育，并为它们配对成熟的金融科技企业、银行和投资者。这样不仅可以为这些初创企业提供其所需的专业知识和资源，更有机会为其引进私营资金。

④为初创企业提供种子基金、免息贷款，或办公空间租金补贴，支持金融科技发展。

3. 跨境人才流通是关键

时至今日，大小城市都在努力发展创新项目和金融科技，对相关的人才和资金趋之若鹜，竞争激烈。鼓励跨境人才流通，对粤港澳大湾区的发展尤为关键。因此，我建议：

（1）广东省政府可考虑为参与大湾区建设的香港专才提供税务优惠。

例如，深圳市政府与广东省财政厅于2012年12月公布的暂行办法，为在深圳前海和珠海横琴工作的符合资质的外籍人员发放所得税补贴。

暂行办法规定，在前海工作的外籍高端人才和高技术外籍工人可以差额补贴方式获个人所得税扣减，实缴所得税率上限为15%，相当于香港的最高税率但远低于内地其他地区的一般税率（内地最高税率为45%）。

具体来说，具备资质的个人需要符合下列其中一项条件：

①具有外国国籍的人士。

②香港、澳门、台湾地区居民。

③取得国外长期居留权的海外华人。

④取得国外长期居留权的归国留学人才。

⑤成立或从事金融、现代物流、资讯服务、科技服务和其他指定服务业的人士。

⑥在前海成立业务的个人或服务于前海注册企业或机构的人士。

⑦根据相关法律在前海缴纳个人所得税的人士。

在横琴工作的符合要求的人士所获得的补贴金额，应为其在内地和任一特区应缴纳的个人所得税的差额。

我建议，政府也考虑将类似的政策引进或扩展至其他珠三角地区，进一步促进大湾区内的金融业人才流通。

（2）在大湾区域内，培养跨金融服务和科技的跨学科人才库。

当前，初创科技企业和银行也正积极寻求跨学科的多元人才，特别是对支付、数据分析、网络安全及应用程序开发等细分职能的人才需求更将急剧增加。

我建议，粤港澳地区的政府和大学齐心协力，共同缩小此类人才队伍中存在的差距。科技、金融、法律咨询和政府有关部门联手，在大学课程和职业博览会上引入金融科技作为可行的职业选择，推广金融科技行业，吸引和培养本地人才。

广东省政府可鼓励行业领袖在大湾区建立创新实验室，为年轻人在初创企业工作提供实践机会，也可以考虑资助本地高校或研究机构建立创新实验室，让学生们可以参与实验，并学习行业内的专业经验。优秀的学生可以在毕业后直接带着他们的初创企业加入孵化器、加速器或金融科技工作站，以获取专业的知识和初创资金。

（3）来自大学、研究中心、初创企业工作间以及政府部门等不同的人才库应更好地连接，以建立有利于发展创新和创业精神的文化和环境。

美国旧金山的湾区就是一个好例子，加利福尼亚州四大科学与创新研究院中的两家就坐落于此，包括专门研究信息与生物科技结合的加利福尼亚州定量生物科学研究所（QB3）和社会发展前瞻科技研发中心（CITRIS）。通过这两家研究机构，大学和行业资源得以有效融合。其他专业研究中心则聚焦特定的课题研究，如近年由多家大学与国家实验室合作成立的联合生物能源研究所（JBEI）的项目就包括植物转化能源。湾区研究项目的深度和广度，形成科学和技术发展的核心，也让大量的学院、学生、科学企业家能够在这些科技的基础上发展或获得人才资源。

(三) 总结

在粤港澳大湾区打造城市群将可最大限度地发挥香港和澳门的独特优势，并提升两地在中国经济发展和全球化进程中的定位和角色。

我向广东省省长提呈的建议可归纳如下：

(1) 内地和香港应紧密合作，创造一个和谐的监管环境，配合当地的银行和创新金融机构的发展。

(2) 推动金融科技发展，加强大湾区内的联系。

(3) 鼓励跨境人才流通是关键。

要实现这些建议，我们需要和政府、行业、大学和市民一起合作。

以上仅是我本人围绕本次顾问会议题的一些思考和建议，供省政府和各位领导参考。

我期待在接下来的讨论中和各位进一步交流。

二、落实粤港澳大湾区发展战略，实现广东省的重新定位

高盛集团亚太区总裁贺启新：

广东应当尽快推进粤港澳大湾区发展战略及政策的落地。与"一带一路"相结合，实现广东、香港、澳门三大地区的基础设施、信息、人才等资源的互通互联，打造以高端制造业为核心，服务业引领，创新驱动的世界一流湾区。此外，广东应该借助粤港澳大湾区多元化的产业集群，形成各具优势的城市集群。湾区能否实现其全部潜力很大程度上取决于11个城市之间的分工与协作。广东省政府可以通过制定清晰的发展计划，让各个城市具有其独特的发展重点，增进不同城市间的密切合作，形成合理分工、优势互补的产业集群。

相比纽约、旧金山、东京等全球三大湾区，粤港澳大湾区在占地面积、人口方面具有显著优势，但在人均GDP、产业结构方面仍有较大的发

展空间。广东省政府可以充分利用"一国两制"下相对宽松的制度环境,为湾区经济发展注入更多的活力。特别地,相比于围绕单个核心城市发展起来的国际湾区,粤港澳大湾区凭借三大核心城市:

(1) 深圳作为创新科技中心,继续推进"产学研"一体化的发展。

(2) 香港作为国际金融中心,可利用前海、南沙和横琴自贸区建设及"深港通"提供的机遇进入内地,推动深港两地资本市场的融合。

(3) 广州作为服务贸易中心,可借助空港、海港等交通体系,构建全球城市网络的重要节点。

由此,粤港澳地区的三大核心城市各有不同定位,形成优势互补,再加上澳门的娱乐博彩业,走出一条独特的融合发展道路。

三、借大湾区之势,持续推进与全球经济的整合

安永全球客户服务主管合伙人卡迈恩·迪西比奥:

广东省应持续推进与全球经济的整合。这可能涉及深化粤港澳大湾区现有自由贸易和服务产业合作协议。专注于以市场为导向的商业监管依然十分重要,例如进一步促进贸易和投资(尤其基础设施),新的航运模式以及税收和土地租赁优惠政策。同时,若要受益于全球生产和贸易价值链,还需扩张服务行业规模。此外,全球一体化战略还可能涉及深化国家与国家之间的跨区域海岸合作。

中国的"一带一路"倡议旨在加强亚洲、非洲、欧洲国家与中国的互联与经济合作。广东省作为古代"海上丝绸之路"的起点,在中国自古便是一个高度开放、充满活力的经济市场,理应率先大力加强与地区和全球的经济整合。

广东省可以在大湾区深化现有的服务业自由贸易和合作协议。最初的自由贸易区协议及之后实行的服务自由化,已经取得了巨大的经济成效。2015 年,广东自由贸易试验区成立,覆盖广州、深圳和珠海三个地区以及香港和澳门。在此基础上,广东省可以推出其他的积极政策,发展广东-香港-澳门一体化经济区,成为一个重要的商业中心。

从政府政策的角度而言,这意味着专注于面向市场的商业监管,这些

监管规则可以在一系列试点项目中测试和完善，以便最大限度地提高广东省的竞争力水平。例如，通过基础设施投资与监管、税收减免以及土地租赁优惠的方式，进一步推动贸易、投资便利化和运输模式，必将持续发挥其重要性。同时，扩大服务行业整合将对从全球生产和贸易价值链中获益十分重要。这包括金融服务，例如，通过支持香港的金融机构向区域内的企业和项目发放人民币贷款，扩大跨境合作，以及将香港发展成为人民币离岸中心；还包括法律服务和人力资源服务，以及向区域内其他地方的供应商开放当地市场；还包括电子通信服务，通过相似的模式，或者通过与有意在广东市场寻求合作的离岸企业建立合资企业。

重点加强全球整合还包括深化区域外合作，如国家之间的合作。广东与英国的合作就是一个重点示范。双方合作的基础在于稳固的贸易和投资流，进一步的研发合作，制造业创新以及"一带一路"的合作，包括金融、法律和风险服务。与"一带一路"倡议中其他合作伙伴的合作也可以遵循这个模式。

来自全球的区域间与区际整合范例突出了全球贸易和服务能够对经济前景产生的重大影响。北美自由贸易协定（NAFTA）自1994年设立起，已经提供了诸多证明可供思考。该协定除了对贸易的直接积极影响外，还支持着竞争力、投资增长以及供应链整合，还有制造业技术创新。最近一份有关英国脱欧可能性的分析表明，英国过去几十年与欧盟的融合已经对生产力产生了有力影响，尤其是通过竞争的方式。此外，我们发现，得益于更加整合的供应链带来的更多中间产品以及更大的出口市场，整合推动了创新。

第二编　高端会晤
——省领导对话洋顾问

2017年9月20日下午，中共中央政治局委员、时任广东省委书记胡春华，省长马兴瑞在广州会见2017广东经济发展国际咨询会省长经济顾问。

胡春华代表省委、省政府对各位顾问来粤参加国际咨询会表示欢迎，感谢历届顾问为广东经济发展建言献策做出了积极贡献。他说，广东正按照习近平总书记对广东工作做出的重要批示要求，深入实施创新驱动发展战略，加快推动经济结构调整和转型升级。希望大家充分利用国际咨询会这个高端平台，在现代产业发展、现代化基础设施建设、科技教育合作等方面充分沟通交流，多提宝贵意见，寻求更多的发展机会，助力广东加快实现现代化。

艾默生电气公司总裁孟瑟代表本次国际咨询会12位省长经济顾问做了发言。他表示，国际咨询会提供了探讨、交流与合作的良好平台，各位顾问对广东未来发展充满信心，非常希望借助这一平台，与广东携手合作，进一步加强政府、企业、各类机构之间的联系，实现合作发展、互利共赢。

第五章　胡春华会见国际咨询会全体顾问

时间：2017年9月20日下午17：30—18：00
地点：白天鹅宾馆

胡春华：非常感谢各位担任省长经济顾问。广东经济发展国际咨询会已举行了多次，各位经济顾问为广东省经济发展提供了很多有借鉴意义的意见和建议，我觉得国际咨询会对广东经济发展很有意义。参加本届国际咨询会的经济顾问，有的是第一次参加，有的已参加多次，如艾默生公司总裁孟瑟先生多次参加咨询会，非常感谢，也希望能再次听到你们对广东经济发展的建议。

（顾问代表）孟瑟先生：非常感谢广东的邀请，这是我第六次来参加国际咨询会了。广东省长经济顾问的一些建议均已在广东落实，例如如何加强能源管理，如何发展新能源技术和产品，如何加强教育改革促进由授课为主转向授课和研究并重等。广东在中国经济发展中是最具活力的地方之一，我们相信广东能继续保持稳定发展势头，广东能够通过创新改革实现可持续发展。各位经济顾问都想与广东加强全方位的合作。

本次会议搭建了一个非常有用的交流平台，经济顾问均是来自各行各业的专家、领袖，能够为广东提供建设性意见和建议。

我们都认为这是一个非常重要的会议，通过这次会议的举办，希望能够促进广东经济更加国际化。最后，再次感谢广东的邀请，同时我们非常希望帮助广东抓住更多的发展机遇。

胡春华：当前广东经济正处加快转型过程中，发展方向和目标将有所调整。当然，在各历史时期我们的经济发展目标也不一样，也随着时代的发展而变化。例如从中华人民共和国成立之初的解决温饱问题，到2020年将基本实现小康社会，再到2049年也就是中华人民共和国成立100周年之际我国要实现现代化目标。我们希望能够提前实现建设小康社会这个目标，同时，问题和挑战也同样存在，并且也随着时代的发展有所变化。原来经济发展目标就是要搞大经济规模，现在要加快转变发展方式，促进由跟随式发展提升到创新式发展，要将创新作为经济社会发展的核心战略，促进产业结构进一步优化，经济效益进一步提高。

我认为，在这个转型过程中，我们应该重点做好三项工作：一是加强基础设施建设，加强高速铁路、公路和机场等重大基础设施项目建设；二是提升产业发展质量，重点加强战略性新兴产业和先进制造业发展；三是更加注重民生环境，加快健康、医疗、卫生等民生领域发展，让民众有更多的获得感。

再次感谢各位经济顾问参会并为我们提供建设性意见。

第六章 马兴瑞在咨询会上的引导发言

时间：2017年9月21日08：45—08：55
地点：广州市白天鹅宾馆
马兴瑞省长：尊敬的各位顾问、各位嘉宾，女士们、先生们，现在，我就"集聚高端要素，促进产业金融科技融合发展"这一主题做引导发言。

经过近40年的改革开放，广东已经成为中国经济实力最雄厚、开放型经济最具活力的地区之一。经济综合实力明显增强。2016年全省GDP达7.95万亿元，占全国的10.7%，连续28年居全国首位；人均GDP达7.28万元，按平均汇率折算约为1.1万美元；来源于广东的财政总收入达2.28万亿元，占全国的14.3%，地方一般公共预算收入达1.039万亿元，成为全国首个地方一般公共预算收入超万亿元的省份。今年上半年，全省生产总值达4.2万亿元，同比增长7.8%，继续保持稳中有进、稳中向好的良好态势。产业结构进一步优化。三次产业结构调整为4.7∶43.2∶52.1，现代产业占据主导地位，先进制造业增加值占规模以上工业比重达49.3%，现代服务业增加值占服务业比重达61.7%。开放型经济水平不断提升。粤港澳大湾区人口总量达6600万，2016年生产总值达1.36万亿美元，超过旧金山湾区。广东自贸试验区建设深入推进，累计新设立企业15.8万家。2016年全省进出口总额达6.3万亿元、占全国的25.9%，其中出口3.9万亿元，进口2.4万亿元；实际利用外资233亿美元。创新经济日益活跃。区域创新能力综合排名连续8年稳居全国第二，R&D支出占GDP比重达2.52%，科技进步贡献率超过57%，国家高新技术企业近2万家、居全国首位，有效发明专利量、PCT国际专利申请受理量连续多年保持全国首位。初步形成以市场为导向、以企业为主体、以技术创新为主的创新模式，全省90%以上的研发经费来源于企业，70%以上的省级重大和重点科技计划项目由企业牵头或参与。新型显示、无人机、智能机器人等一批新兴产业不断壮大。

中国中央政府对广东的发展高度重视、寄予厚望。今年4月，习近平主席专门对广东工作做出重要批示，提出了"四个坚持、三个支撑、两个走在前列"的明确要求。广东将认真贯彻落实习近平主席的重要批示精神，深入实施创新驱动发展战略，加快集聚全球各领域高端要素，进一步促进产业、金融、科技融合，促进传统动能焕发生机、新动能加快成长。我们将从以下几个方面努力：

一是着力提升科技创新能力。我们将以建设国家科技产业创新中心为总定位，狠抓科技创新平台建设、高新技术企业培育发展、科技攻关和成果转化、高水平大学建设等，力争未来五年全省研发经费占生产总值比重达3%左右。加快建设以深圳、广州为龙头，珠三角各市分工互补的"1+1+7"珠三角国家自主创新示范区，特别是沿广深轴线建设科技创新走廊，集聚全球科技创新资源，打造具有国际水平的创新经济带。聚焦产业发展方向实施重大科技专项，努力在机器人、工作母机、超材料、基因工程、人工智能、大数据等领域核心技术和设备研发上取得突破。

二是着力谋划发展新兴产业。我们将立足现有产业基础，积极培育发展新一代信息技术、生物、高端装备与新材料、绿色低碳、数字创意等战略性新兴产业。比如，充分发挥广东电子信息产业集聚的优势，大力推动5G（第五代移动通信技术）技术研发及推广应用，努力抢占国际5G产业发展先机。大力推动4K（新一代分辨率标准）超高清电视产业发展和普及应用，预计到2020年可带动全省相关产业达到产值6000亿元以上，带动宽带建设等相关投资达到1000亿元以上。充分发挥广东制造业发达的优势，以智能制造为主攻方向，加快发展机器人、无人机、无人船等智能产品，推进制造业与互联网融合发展。充分发挥广东生物产业基础较好的优势，着力引导技术、资金、人才等高端要素资源加速向生物产业集聚，力争尽快形成具有较强国际竞争力的万亿级生物经济集群。

三是着力推动产业链、金融链、创新链三链融合。我们将坚持走面向市场应用创新的路子，把创新落到产业上，推动科技与产业、市场、资本高效对接，真正打通科技成果转化通道，推动更多的科技成果转化为现实生产力。加快完善科技金融体系，强化对高新技术企业的融资支持，推动其在主板、中小板、创业板、新三板等挂牌上市。大力建设华南风投创投中心，开展知识产权证券化试点、股权众筹融资试点和全国专利保险试点等，大力发展风险投资、创业投资、天使投资，促进股权投资与信贷融资联动，充分发挥资本促进创新成果转化的催化作用。

四是着力打造国际一流的营商环境。我们将充分发挥广东改革开放先行一步、市场意识和国际化理念较强的优势，紧紧把握粤港澳大湾区和广东自由贸易试验区建设的良好机遇，加大营商环境改革力度。大力降低市场准入门槛，深入实施市场准入负面清单制度改革试点，争取结合广东实际拿出更短的外资准入负面清单，推动金融、企业、技术对外开放。推进"放管服"改革，加快构建高效便捷的投融资体制，全面推行商事制度改革，进一步取消审批事项、简化审批程序、推行并联审批等，将投资审批事项和时限在现有基础上再压减1/4以上，真正实现投资便利化。在降低企业税费、运输、用电、用地成本等方面推出10项政策措施，预计每年可为企业直接降低成本600亿元以上。大力推进社会信用体系建设，加强知识产权保护，健全统一规范、公开透明的营商法规体系，努力打造服务效率最高、管理最规范、综合成本最低的营商环境。

各位顾问，集聚全球高端要素、促进产业金融科技融合发展，很多工作都有待进一步探索。比如，如何把握新兴技术蓬勃发展机遇，加速谋划布局发展一批面向未来的新兴产业，抢占新一轮经济和产业竞争的制高点；如何完善科技成果转移转化机制，推动科技成果转化为现实生产力，真正打通科技与经济结合通道；如何推动金融服务实体经济，壮大风投创投资金规模，推动产业、金融、创新三链融合；如何把握粤港澳大湾区建设机遇，促进三地人才、技术、资金等要素自由流动、深度融合；如何优化政府服务、完善市场机制，打造市场化、国际化、法治化的营商环境；等等。各位顾问长期任职于全球领先企业或知名研究机构，具备世界先进的理念、成功的实践和丰富的经验，十分期待聆听各位关于以上这些问题的新理念、新思路。真诚期待与各位进一步加强交流合作，携手实现共赢发展！

第七章　马兴瑞在咨询会上的会议小结

时间：2017 年 9 月 21 日 11：50—12：00

地点：广州市白天鹅宾馆

尊敬的各位顾问，女士们、先生们，刚才，大家站在各自领域前沿，以全球视野、战略眼光、务实态度，围绕"集聚高端要素，促进产业金融科技融合发展"的主题，积极建言献策，提出许多真知灼见，给予我们非常有益的参考和启迪。总的来看，会议开得很成功，很有成效，集中体现为"三个关注"：

一是关注新兴技术对广东转型升级的影响。各位顾问结合对全球经济发展规律和新兴技术发展趋势的独到见解，建议广东紧紧把握创新和新兴技术蓬勃发展机遇，促进产业金融科技融合发展。比如，艾默生孟瑟顾问分析了未来制造业的创新和科技、人力资本和技能、监管和治理、自然资源和可持续性、全球经济贸易和投资等五大发展动力，提出利用最新科技创新推动企业和产业变革、建立跨界生态系统、改善生活条件等建议。安永卡迈恩·迪西比奥顾问提出工业机器人、人工智能、物联网、大数据、区块链、3D 打印等第四次工业革命阶段的新兴技术将影响未来的政府政策，提出广东应持续推进与全球经济整合、推动对新技术专项投资和确保市民拥有一流生活质量等建议。ABB 集团顾纯元顾问分析了数字化技术推动经济社会发展的趋势，分享了吉林一家淀粉厂向智能工厂转型、纽约电力基础设施升级、北京水泵站基于云端的远程服务、为中远船队提供船载运动监测与预报系统等 4 个数字化技术解决方案的成功案例，提出利用数字化技术、技术提供商和使用者积累的成功经验和解决方案等建议。IBM 公司罗思民顾问分析了新兴科技影响及未来趋势，介绍了培养行业创新能力的办法，分享了通过人工智能提升产能、实时监控治理工业污水、打造广州市区块链产业协会等方面的成功经验,提出持续转型和创新、利用领先科技与全球新的生态系统接轨、投资并引导行业创新、积极招揽和培养创新人才等建议。思科罗思基顾问以硅谷和以色列为例,阐述了创业生态系统的五个重要群体的重要作用,提出吸引优秀人才、招募全球合作伙伴、投资孵化器和加速器的建议。微软洪小文顾问分析了物联网、云计算、大数据、人工智能等先进技术融合发展的趋势,提出广东要进行经济数字化转型、建立创新生态系统等建议。大众汽车集团海兹曼顾问提出改善营商环境、加强基础设施建设、在新能源汽车相关政策和智慧城市规划建设方面开展先行先试的建议。这些对于我们从更高、更前沿的角度来审视广东未来的发展,把握创新驱动发展的方向和机遇,具有很高的参考价值。

二是关注科技金融融合发展对广东转型升级的影响。各位顾问认为广东应发挥金融资源丰富的优势,用好金融手段,更好地促进科技金融融合,培育新的发展动力。比如,美国大都会集团格雷格·巴克斯特顾问分享了支持发展和部署区域卫生信息网络、考虑发展数字化保险中心等先进发展理念,提出开展金融科技沙盒计划,支持沙盒计划中成功的试验在更大范围内试点或实施的建议。MS&AD 保险集团控股公司柄泽康喜顾问分析了广东企业对外投资的现状和存在问题,以日本等对外投资的经验为例,阐述了海外风险管理的重要性及方法,提出扩大保费补贴范围、建立海外保险安排介绍制度、举办对外投资企业研讨会、建立活用数据区块链技术的保险制度、建立再保险机制等建议。高盛贺启新顾问分析了广东经济发展现状和挑战,提出鼓励广东企业借助国内外资本市场"走出去"、打造产学研一体化的国际化体系、建立高效的投融资一体化环境等建议。IDG 资本熊晓鸽顾问围绕利用金融资本助力广东转型升级,提出设立母基金、探索产业链并购等建议。这些将为广东在相关领域紧跟全球发展步伐提供有力支持。

三是关注粤港澳大湾区建设对广东转型升级的影响。各位顾问对粤港澳大湾区建设给予了高度关注。比如,汇丰控股有限公司王冬胜顾问分析了粤港澳大湾区的基础条件和发展优势,认为应抢抓建设粤港澳大湾区机遇,推动金融科技融合发展,提出营造平衡监管环境、以金融科技联通大湾区、鼓励跨境人才流通等建议。ABB集团顾纯元顾问提出把握粤港澳大湾区互联互通新机遇的建议。高盛贺启新顾问提出广东要在落实粤港澳大湾区发展战略中实现重新定位的建议。IDG资本熊晓鸽顾问提出借助港澳金融资金平台优势，打造"湾区产业成长基金"的建议。这些观点都非常重要，为我们更好地携手港澳推进世界一流的大湾区建设，提供了很好的启发和借鉴。

总之，各位顾问提出的宝贵意见和建议，为促进我省集聚高端要素，促进产业金融科技融合发展，提升国际竞争力提供了重要的决策参考。会后，我们将对各位顾问的建议做全面梳理，在我省政府相关规划、工作方案和政策措施中认真吸纳、推进落实。

尊敬的各位顾问，女士们、先生们，在大家的高度重视和共同努力下，本次会议圆满完成各项议程，取得了丰硕成果。我相信，通过这次会议，广东未来推动创新发展、加快经济转型升级的思路将更加明晰，措施将更加有效，同时广东与顾问机构之间的合作将更加深入。

最后，我代表广东省人民政府，再次对各位顾问为本次会议所做的辛勤努力表示衷心感谢。

第三编　问计"洋顾问"，汇聚"金点子"

　　这是广东省政府举办的第十一次国际咨询会。在社会各界的关注和支持下，经过不懈努力，国际咨询会已成为广东省政府加强国际合作，听取省长顾问意见，吸纳国际经济发展先进经验的重要渠道和知名品牌，在促进广东省提高科学决策水平、提升国际影响力及促进跨国企业、国际机构与广东合作等方面发挥了重要作用。

　　在2017广东经济发展国际咨询会上的工作报告中，马兴瑞省长首先对上次咨询会上顾问所提出的建议进行了归纳总结，并就广东省对这些建议的采纳情况做了工作报告，将国际顾问咨询会的成果落到了实处，体现广东省与顾问机构"携手共进，务实合作"的精神。

　　截至本次咨询会，广东经济发展国际咨询会已成功举办了十次，这是一个具有里程碑意义的数字。为了体现咨询会对于广东经济发展的历史意义，咨询会筹备办整理出了历次广东经济发展国际咨询会的"十大金点子"。

第八章 顾问建议落地广东

在 2015 广东经济发展国际咨询会上，20 位省长经济顾问围绕"加强国际合作，实现创新驱动与共赢发展"主题，提出了 35 条富有建设性和可操作性的建议，对广东实施创新驱动发展战略具有重要参考价值和借鉴意义。两年来，省政府对顾问建议高度重视，组织专门力量进行研究评估，制定了采纳顾问建议专项实施方案，并在有关规划、政策和项目中予以采纳落实，为广东省经济发展注入新的动力和活力。

一、加快推动广东省产业转型升级

积极采纳 ABB 集团方秦顾问、IBM 公司罗思民顾问、艾默生孟瑟顾问关于推进智能制造的建议，积极探索智能制造试点示范，推进珠江西岸先进装备制造产业带建设，培育年产值超亿元的机器人骨干企业 15 家，新增应用机器人 2.2 万台、总量超过 6 万台。美的公司成功收购世界四大机器人生产商之一库卡。今年 6 月，ABB 集团旗下 ABB 机器人有限公司与广东万和正式签约并成为战略合作伙伴，在智能制造、机器人生产等方面开展合作。艾默生与广东保持良好合作，在深圳、珠海、江门等地设立了多个生产基地及研发中心，珠海艾默生热敏碟项目实现高度自动化，产能提高了 3 倍；在深圳建立费希尔（Fisher）工厂生产线，并实现了数字化过程。

采纳大众汽车集团海兹曼顾问关于加快发展新能源汽车产业的建议，出台加快新能源汽车推广应用的实施意见，依托比亚迪、广汽等龙头企业，积极布局发展新能源汽车产业，并在广东省佛山市、云浮市规划建设氢能汽车产业基地，2016年全省新能源汽车产量7.1万辆、占全国的13.7%，推广应用新能源汽车5万辆、占全国的10%。

采纳西门子股份公司博乐仁顾问关于加强轨道交通装备领域合作、发展智能交通的建议，计划在铁科院联合体项目中开展牵引系统技术合作，推动智能交通领域合作，建设珠海市交通信息综合服务平台，着力将珠海市建设成为智慧交通管理新典范。

采纳诺华集团理查德·弗朗西斯顾问关于促进生物类似药产业发展的建议，积极开展创新药物临床试验审批、药品上市许可持有人制度试点，简化和改进药品临床试验审批程序，实施药品上市许可与生产许可分离管理模式。

采纳爱立信集团卫翰思顾问关于推广5G技术应用、提升"互联网＋"应用水平的建议，积极推动5G技术创新和应用，支持企业系统研发，参与技术标准制定，推进成果转化；实施"互联网＋"行动计划，启动珠三角国家大数据综合试验区建设，培育200个"互联网＋"试点项目。

采纳马士基集团韩明森顾问、UPS公司吉姆·巴伯尔顾问关于发展现代物流的建议，出台现代物流业发展规划、物流业降本增效专项行动实施方案、促进海运业健康发展的实施意见，着力构建高度社会化、专业化、标准化、智慧化的现代物流体系。

二、重视加强资源节约循环高效利用

采纳BP公司思文凯顾问关于发展清洁能源的建议，大力发展风电，引进实力强的企业连片规模化开发。规划到2020年，全省陆上、海上风电装机容量分别达600万千瓦、100万千瓦。

采纳艾默生孟瑟顾问、大众汽车集团海兹曼顾问关于加强对食物垃圾处理、废弃物防治的建议，加快推进垃圾分类，支持广州开展餐厨垃圾脱水减量系统就地资源化处理餐厨垃圾试点，加快城市危险废物处置设施建设。

采纳法国电力集团乐维顾问关于加强能效管理的建议，开展电力供给侧改革试点和需求侧管理试点，实施电机能效提升工程。推进中国广核集团与法国电力集团的 6 个研发合作项目建设，实质性启动英国核电建设项目。

三、积极优化广东省营商环境

积极采纳 UPS 公司吉姆·巴伯尔顾问关于创新通关转关模式的建议，广州海关率先启动"互联网+"易通关模式，海关平均通关效率提高 50% 以上。

采纳 MS&AD 保险集团柄泽康喜顾问关于完善企业信用信息的建议，大力实施社会信用体系建设规划，建设全省统一的公共信用信息系统和企业信用信息公示系统，公共信用信息系统归集 3.8 亿多条企业信用信息，企业信用信息公示系统归集各类企业信息超过 2700 万条，为 360 多万家企业建立信用信息档案。

采纳艾默生孟瑟顾问、杜邦公司苗思凯顾问关于加强知识产权保护、打击网络黑客攻击的建议，推进广州知识产权交易中心、横琴国际知识产权交易中心平台建设；成功举办 2017 广东知识产权交易博览会，促成知识产权交易 7.2 亿元；在中新广州知识城开展知识产权运用和保护综合改革试验，这是中国唯一的国家知识产权改革试点。加强对网络黑客攻击、侵犯公民和企业信息、知识产权等打击力度，近两年全省查办侵犯知识产权案 3652 起。

四、大力促进广东省金融创新

积极采纳 MS&AD 保险集团柄泽康喜顾问关于深化出口信用保险的建议，设立出口信用保险专项财政资金，对外贸企业出口货物缴纳的保险费用给予一定比例资助，近两年安排 1.93 亿元财政资金支持外贸企业投保短期出口信用保险和特种险。

采纳鲁道夫沙尔平战略咨询公司鲁道夫·沙尔平顾问关于开展金融及保险领域教育合作的建议，加强中小学、职业院校学生保险意识教育，支持高等院校、科研院所与保险机构建立人才培养的长效合作机制。

五、高度重视创新创业和人才培养

积极采纳卡内基梅隆大学苏布拉·苏雷什顾问关于建立科研成果产业化基金的建议，设立 50 亿元重大科技成果产业化基金。

采纳联合国教育、科学及文化组织（以下简称"联合国教科文组织"）汉斯·道维勒顾问关于加强与中国创业教育联盟合作的建议，承办由联合国教科文组织中国创业教育联盟主办的"面向经济转型升级的创业教育体系建设"2015 年年会，推动省内相关高校加入联盟，积极开展创业教育。

采纳杜邦公司苗思凯顾问、汇丰控股有限公司王冬胜顾问、丸红株式会社朝田照男顾问关于鼓励创业、完善高层次人才培养机制的建议，出台大力推进大众创业、万众创新的实施意见，加快科技"四众"平台、科技小镇、"双创"示范基地等建设，发展壮大创业投资，培育壮大创客群体。实施好珠江人才计划等重要人才工程，创新高层次人才引进制度，对符合条件的外国人才给予工作许可、技术移民等便利。加快建立留学生和海外高层次人才数据库，开展"智汇广东"活动。

此外，与顾问机构密切配合、共同努力，有效地促进了大批合作项目。比如，IBM 公司与广东宏达通信有限公司签署合作协议，推广移动诊疗技术解决方案。省疾控中心与 IBM 公司达成应用时空流行病学建模平台合作意向。MS&AD 保险集团控股公司广东分公司与广东省加强了交强险业务合作。对于省长经济顾问提出的其他建议，我们也结合实际在相关工作中认真加以采纳。

上述工作充分显示出广东经济发展国际咨询会的高端智库作用，充分体现了各位顾问就广东省发展所提建议的针对性、建设性和可行性。

第九章　十次咨询会，十大"金点子"

广东经济发展国际咨询会自 1999 年首次召开以来，已成功举办了十次，成了广东开拓国际视野、吸纳国际经济发展先进经验的重要渠道。其间，在全球范围内享有盛誉的商界领袖或学界精英，作为广东省省长的经济顾问，提出了许多具有前瞻性和针对性的意见建议。这些"金点子"有的已经融入广东省的战略规划和宏观政策之中，有的已经转化为具体的发展举措，均对我省发展改革起到了强大的智力支持作用。在本次会议召开前，咨询会筹备办整理出历次广东经济发展国际咨询会的"十大金点子"。

一、设立"广东光谷"

1999 年首次咨询会上，省长经济顾问、朗讯科技公司里奇·麦金先生提出了"广东应该建立一个光谷"的建议。针对这项建议，省政府经过研究论证，决定在广州科学城光电子产业基地设立"广东光谷"。光宝电子集团、南方高科、LG 液晶面板项目等先后落户科学城，形成了光电子产业集聚地。

二、建设远景现代化主题公园

1999 年首次咨询会上，省长经济顾问、ABB 集团孙·卡尔森先生提出了"建设一个广东 2010 年远景现代化主题公园"的建议。围绕该项建议，省政府研究决定建设广东科学中心。该中心于 2005 年开工，2007 年竣工，2008 年运行开放，目前已成为广东普及科学知识的重要平台。

三、推动广东物流业发展

2000年咨询会上,省长经济顾问、沃尔玛公司庄孟哲先生提出"发展广东的现代物流系统及大型企业"的建议。这项建议促使我省更加重视并积极发展现代物流业,我省研究制定了《广东省现代物流业"十五"计划》,并使物流业逐步发展成为我省服务业的重点。近期,广东省发展和改革委员会研究编制了《广东省现代物流业发展规划(2016—2020年)》《广东省物流业降本增效专项行动实施方案(2017—2018年)》等,着力充分吸纳发达国家物流业在信息互联共享、分拨中心建设、农产品冷链发展以及运输车辆规范化方面的先进经验,努力持续提升我省物流业发展水平。

四、建立3G服务平台研发中心

2003年的咨询会上,省长经济顾问、爱立信公司思文凯先生提出"广东建立3G服务平台研发中心"的建议。该项建议对广东树立起超前的通信产业发展理念具有重要作用。围绕落实该项建议,我省积极推动爱立信公司在广州建立软件环境和3G数据业务测试环境研发中心,促进通信产业的持续发展。

五、推动香港金融服务业落户广东

2009年的咨询会上,省长经济顾问、忠利集团首席执行官巴比诺特先生提出了"争取香港金融服务业在广东建立银行呼叫中心,或者数据输入及数据库管理,并引导落户于广东金融高新技术服务区"的建议。这项建议对于我省提高金融业发展水平,推动粤港两地金融业优势互补与合作共赢具有很强的操作性和针对性。为此,近年来我省通过粤港金融合作研讨会、粤港金融合作恳谈会以及CEPA系列交流活动等平台,先后从香港引进了美国友邦保险亚太区后援中心、新鸿基国际金融中心、汇丰环球运营中心等多个大型项目，成功为香港金融机构提供了包括数据处理、客服呼叫、研发培训等一系列后台运营支撑。

六、加快广东教育国际化进程

2011年的咨询会，省长经济顾问、美国卡内基梅隆大学校长杰瑞德·柯亨教授提出"加快广东教育国际化进程"的建议。这项建议论证了我省需要进一步利用国外优质教育资源，学习发达国家先进教育理念的必要性。为此，我省积极构建高等教育国际化的平台，出台引进世界知名大学来粤合作举办独立设置高等学校的支持政策，并积极推进我省中外合作办学项目的申报和审批，成功推动了中山大学与卡内基梅隆大学合作办学、深圳大学与香港中文大学合作办学等项目。

七、深化口岸通关模式改革

2013年的咨询会，省长经济顾问、UPS公司国际总裁吉姆·巴伯尔先生提出"深化口岸通关模式改革创新以提高通关效率"的建议。这项建议对于提升我省外贸投资便利化程度具有重要的启示意义。为此，我省近年来积极深化以"单一窗口"为主要特点的口岸通关模式改革，选择在条件相对较好的广州港口岸、南沙港区和深圳港口岸大铲湾港区先行试点，建设和完善反映企业实际需求并具有充分开放性的公共软件，通过不断完善口岸查验单位和地方行政管理部门信息系统连接和数据交换方式，实现"一个平台、一点出入，使用标准化数据、一次申报，满足政府监管部门和企业两个方面需求"的"单一窗口"建设目标。目前，广州市、深圳市国际贸易"单一窗口"已上线运行，企业申报效率大幅提高，录入人工成本也明显降低，有效地提高了通关便利化水平。

八、建设机器人应用中心

2013年的咨询会上，省长经济顾问、ABB集团执行副总裁兼执行委员会成员柯睿思先生提出"在广东建设机器人应用中心"的建议。这项建议对于我省突破核心技术,加快产业转型升级具有重要意义。为此,我省近年来加快推动智能机器人产业发展,重点支持东莞、佛山建设广东省智能机器人研究院、华南智能机器人协同创新研究院。其中,华南智能机器人协同创新研究院已与龙头企业美的中央研究院开展产、学、研、用对接,借助美的与国际著名机器人企业安川的合作,打造企业与研发机构的互动平台。广东省智能机器人研究院也积极建立机器人应用服务中心,并成功获批全国智能制造示范点。

九、加强智能交通领域合作

2015 年的咨询会上,省长经济顾问、西门子公司管理委员会成员博乐仁博士提出"与广东加强在智能交通领域合作,推进智能交通试点"的建议。为落实该项建议,我省积极推动珠海市发挥西门子公司作为该市交通战略规划顾问的作用,强化该市的智能交通项目建设,双方在 2015 年已合作完成了珠海市交通信息综合服务平台项目(一期)的建设,该平台是中国城市中首个将绿色交通理念和交通管理有机结合的管理平台。双方下一步还将继续开展该平台(二期)建设,着力将珠海市建设成为智慧交通管理新典范。

十、促进新能源汽车产业发展

2015 年的咨询会上,省长经济顾问、大众集团管理董事会成员海兹曼教授提出"优化政策引导,推动新能源汽车产业发展"的建议。为落实该项建议,我省近年来积极完善新能源汽车产业发展和推广应用政策,2016 年 2 月,印发《关于加快新能源汽车推广应用的实施意见》,提出到 2020 年全省新能源汽车推广应用累计超过 25 万辆、基本实现公交电动化、基本建成使用便利的充换电设施服务体系的发展目标。在此政策引导下,我省新能源汽车产业加速发展,2016 年,全省新能源汽车(含乘用车和客车)累计产量为 70839 辆(其中乘用车 52040 辆,客车 18799 辆),占全国新能源汽车产量的 13.7%，产量较 2015 年增长了 275%；推广应用新能源汽车 49854 辆，占全国的近 10%，超额完成了国家下达的推广任务；同时，逐步涌现了包括比亚迪汽车有限公司、珠海银隆新能源有限公司在内的一批具备新能源汽车整车生产能力的厂家。

第十章　顾问机构背景介绍

ABB 集团

ABB 是全球电气产品、机器人及运动控制、工业自动化和电网领域的技术领导企业,由两家拥有 100 多年历史的国际性企业——瑞典的阿西亚公司和瑞士的布朗勃法瑞公司在 1988 年合并而成,总部位于瑞士苏黎世。ABB 集团业务遍布全球 100 多个国家,雇员达 13.2 万。

ABB 与中国的关系可以追溯到 1907 年,当时 ABB 向中国提供了一台蒸汽锅炉。经过多年的快速发展,ABB 在中国已拥有研发、制造、销售和工程服务等全方位的业务活动,40 家本地企业,1.7 万名员工遍布于 139 个城市,线上和线下渠道覆盖全国 300 多个城市。2016 年,ABB 在华约 84% 的销售收入来源于本土制造的产品、系统和服务。目前,中国是 ABB 集团全球第二大市场。

ABB 于 1979 年在北京设立办事处,并于 1995 年正式注册了投资性控股公司——ABB(中国)有限公司。经过多年的快速发展,ABB 迄今在中国拥有研发、制造、销售和工程服务等全方位的业务活动,员工 1.9 万名,拥有 39 家本地企业和遍布全国 126 个城市的销售与服务网络。2014 年 ABB 在中国的销售收入超过 58 亿美元,保持 ABB 集团全球第二大市场的地位。ABB 在中国参与了众多国家重点工程的建设,比如西电东送、南水北调、京沪高铁、北京奥运场馆项目、北京 APEC(亚洲太平洋经济合作组织)、首都国际机场改扩建项目以及上海世博会等。

广东省是 ABB 在华的重要业务基地之一。目前,ABB 在广东拥有超过 2100 名员工及完整的销售服务网络,设有 7 家本地企业,专注于开关柜、控制系统、变压器、互感器、避雷器、光伏逆变器和电动汽车充电设施。

此外，ABB 还在广州、深圳、东莞、佛山和中山设有 5 家分公司，并在广州拥有一个综合服务中心。重庆 ABB 江津涡轮增压系统有限公司在广州设立的维修服务站，作为覆盖全球主要航线 100 多个港口的 ABB 涡轮增压服务网络的重要组成部分，全天候为用户提供快捷、可靠的技术支持、原装备件和原厂服务。

IBM 公司

国际商业机器公司（IBM）是由托马斯·沃森于 1911 年创立的，总部设在美国纽约州阿蒙克市，是全球最大的信息技术和业务解决方案公司，拥有全球雇员 30 多万人，业务遍及 160 多个国家和地区。自创立伊始，IBM 一直致力于行业前瞻洞察力与技术创新的融合荟萃，其营运与发展目标一直是国际化的。通过整合信息技术和业务流程的深度知识，IBM 为客户提供价值服务并且解决其业务问题。IBM 的解决方案通常能通过降低客户营运成本来创造价值，或者通过促发客户的新能力来增加客户营业收入。这些解决方案萃取于 IBM 公司在众多行业领先客户群的咨询、交付和执行的广泛服务经验，以及 IBM 在企业软件、系统、基础研究以及相关的融资服务经验。

随着市场和经济环境的持续变化，IBM 的商业模式亦紧跟着不断适应而变化。IBM 公司持续在包括业务分析、智慧地球和云计算等更高价值细分市场领域进行战略有机的投资和并购，经过多年的发展，IBM 自身已经转型成全球整合企业（GIE），作为全球整合企业，IBM 不仅能提高了自身的整体生产力，也在全球成长最快的市场里不断增加投资并扩大业务参与度。

IBM 与中国的业务关系源远流长，早在 1934 年，IBM 公司就为北京协和医院安装了第一台商用处理机。随着改革开放的深入，IBM 在华业务日益扩大，业务渗透到 300 多个城市，办事机构遍布包括广东的广州、深圳等 33 个城市。IBM 在中国的应用服务外包已经达到国际最先进水平。

MS&AD 保险集团控股公司

　　三井住友海上集团与爱和谊财产保险公司、日生同和财产保险公司于 2010 年 4 月 1 日正式进行经营整合，组建成立了 MS&AD 保险集团，业务范围涵盖财产保险、人寿保险、风险管理以及金融服务等领域。在 2016 年《财富》杂志公布的世界 500 强企业中，MS&AD 保险集团控股公司排名第 231 位，是日本第 1、世界第 8 的财产保险集团。MS&AD 保险集团控股公司构建了集团整体经营体制，从提高集团整体的发展水平与盈利能力的角度出发，全力推进集团战略。同时，经营保险业务的各子公司严格执行集团发展战略，努力扩大市场，并为客户提供优质服务。今后，MS&AD 保险集团将强化和扩大经营资源，在全球范围内推进业务开拓，创建具有世界顶级水准的保险金融集团，实现企业可持续发展，提升核心竞争力和社会价值。

　　MS&AD 保险集团在全世界 45 个国家和地区大力发展事业，经营网点遍布全球，在日本国内的网点规模居日本国内财产保险业首位，在海外则以亚洲为中心，致力于为每一位客户提供最优质的保险产品和服务。同时，集团拥有众多保险行业享有盛名的专家及一支充满活力、技术领先、敢于创新的员工队伍，为集团事业的蓬勃发展奠定了良好的基础。

　　MS&AD 保险集团非常重视亚洲，特别是中国的发展，并把中国当作最有成长潜力和广阔前景的海外市场之一。随着广大客户在中国业务的不断扩大，集团期望通过与中国保险业界分享自身百年经营的经验，引入风险管理和防灾防损技术，为中国的经济社会稳定健康发展提供保障，并成为中国保险市场上最具影响力的外资金融保险集团之一。同时，也希望能够为中国保险行业培养高级专业人才，加强中日两国保险业界的交流与学习，为中国保险行业又好又快的发展，实现构建和谐社会的伟大目标贡献自己的力量。

IDG 资本

IDG资本（IDG Capital）代表一系列风险投资基金管理人及咨询机构的集合体。IDG资本为投资人提供种类丰富的金融产品，投资阶段涉及种子期、早期、成长期、并购期，投资领域集中在互联网及移动互联网、新媒体、新型消费及服务、医疗健康、清洁能源、文化体育、旅游及地产等领域。多元化的领域布局和投资阶段分布相互补充、相互促进，为投资人带来丰厚的回报。

近年来，IDG资本在全球金融、科技、消费、泛文化娱乐等领域均进行了投资布局。

自1992年进入中国以来，IDG资本作为中国最早的风险投资机构之一，已投资扶持超过500家优秀企业。IDG资本现已成为中国管理资产规模最大的私募股权基金管理人之一。IDG资本团队已累计管理十几支基金、管理资产总额超过750亿元人民币，积累了丰富的基金管理经验。截至2016年年底，IDG资本已成功助力120余家企业在美国、欧洲、中国香港和中国内地成功上市或通过并购实现退出。

IDG资本与广东省政府一直保持着密切友好的合作关系，IDG资本在华南地区的快速发展与广东省政府的热忱支持是密不可分的。广东省作为IDG资本第一个投资公司注册的省份，与IDG资本之间有着长期良好扎实的合作基础。在广东省内IDG资本投资了腾讯、迅雷、金蝶软件等优秀企业，同时也正积极推进将德国IFA消费电子展览等展览和论坛引进广东，诸多项目已在政府相关部门报批中。2016年12月，IDG主办的"2016小蛮腰科技大会"在广州盛大开幕，得到了工业和信息化部、广东省发展和改革委员会和广州市政府的大力支持和指导，获得了社会各界的广泛关注，取得了巨大的成功。

美国艾默生电气公司

艾默生成立于1890年，总部位于美国密苏里州圣路易斯市，在全球拥有 155 个生产地点，员工超过 74000 人。公司 2016 财年全球销售额达 145 亿美元，实现了持续 60 年每股红利增长，是少数获得连续 60 年以上红利增长的上市公司之一。

艾默生是一家全球性的技术与工程公司，为工业、商业及住宅市场客户提供创新性解决方案。作为全球科技领导者，艾默生承诺以科技融合工程技术，不断创新，在世界范围内为客户利益创造最佳解决方案。自 2016 年 10 月，公司通过以下两大业务平台开展运营：艾默生自动化解决方案和艾默生商住解决方案两大核心业务平台。

艾默生长期排名《财富》美国和全球 500 强企业行列，荣获《财富》全美最受赞赏企业之一。凭借对创新的承诺、创想的保护及发明专利的商业化，艾默生连续 6 年获得科睿唯安（原汤森路透知识产权与科技）评选的全球创新企业 100 强殊荣。

20 世纪 70 年代末，艾默生通过首个技术转让项目开始在中国发展业务，1992 年在中国成立了第一家独资企业，1993 年 10 月在上海成立了艾默生电气（中国）投资有限公司。这是第一家将投资性公司总部设在上海的美国公司。中国是艾默生在全球业务发展最快的地区之一。自 2002 财年，中国已成为艾默生仅次于美国的第二大市场。

艾默生实行且始终坚持"在中国，为中国"的区域化市场策略，深耕中国近 38 年。2016 年，艾默生在中国 11 个城市设立了 30 多家企业，其中 17 家为生产设施，15 家为工程及研发中心，以更快、更贴近中国及亚洲市场。2016 年全球员工获得的专利数量超过 1800 项，其中 1/3 的数量来自于中国。

安永

安永是全球领先的审计、税务、财务交易和咨询服务机构之一。2016 财年安永在全球拥有员工 23.1 万人，遍布全球 150 余个国家和地区，获得 296.3 亿美元收入。据《财富》统计，安永为 79% 的全球 500 强企业提供审计、税务、风险管理和其他咨询服务。

安永致力于建设更美好的商业世界。安永正协助数字化先锋们应对数据隐私风险，帮助政府度过现金流危机，利用数据分析开启新的医疗模式，提供优质审计服务以协助资本市场建立信任和信心。实际上，安永正与全球企业、企业家和政府携手共同应对他们最为迫切的挑战，协助他们把握新兴机遇。

企业和整个产业正面临着被创新和技术迅速颠覆的处境。作为愿景2020战略的一部分，安永制定了一套数字转型与创新的整体方法并将其运用到所有成员所、服务线和行业服务。

安永是大中华区规模最大的专业服务机构之一，在区内提供专业服务已近50年。安永在大中华区共设有26家办事处，在广东省拥有广州与深圳两家分所。安永在大中华区的员工达15000名，有近550位合伙人，职业注册会计师近1500名。目前，我们向超过350家来自大中华地区在中国内地、中国香港、中国台湾、美国、伦敦及新加坡等地的证券交易所上市的公司提供审计和其他专业服务。

安永广州办事处于1994年成立。于2006年，安永华明会计师事务所广州分所成立。安永广州分所现有约600名经验丰富的专业人员和员工，当中包括13名合伙人，全体人员致力于为多种主要行业的客户提供具针对性的服务和资源，让企业通过全球视角及从行业角度了解本身在审计、税务、财务交易和咨询服务上的需要。除了为大型国企、外资企业提供服务外，也为广东的民营企业提供上市、审计、税务、收并购等咨询服务。

安永华明会计师事务所深圳分所设立于2006年，目前拥有800多名经验丰富的专业人员和员工，其中有28位合伙人，为汽车及新能源、高新科技、生命科技、运输及物流等行业的企业提供服务。

大众汽车集团

大众汽车集团（Volkswagen Group）成立于1938年，总部设在德国下萨克森州沃尔夫斯堡市，是欧洲最大的汽车企业，也是世界汽车工业领导者之一。

2016年全年，大众汽车集团全球的汽车总销售量超过1030万辆，在世界各大汽车企业中排名第一。尽管在美国和欧洲市场受到了柴油发动机排放事件的影响，大众汽车集团的财务状况继续保持了稳健。2016 年营业收入增长到 2173 亿欧元（2015 年为 2133 亿欧元），扣除特殊准备金之前的营业利润为 146 亿欧元，净现金流在 2016 年年底为 272 亿欧元。截至 2016 年年底，大众汽车集团在欧、美、亚、非 4 大洲 31 个国家建有 120 家生产企业，汽车产品销售与服务遍及全球 153 国家和地区。遍及世界各地的员工总数达到 62.67 万人。

大众汽车集团是中国汽车工业最大、最早、最成功的国际合作伙伴，自 20 世纪 80 年代进入中国市场以来，大众汽车集团与中国伙伴精诚合作，始终在市场上处于领先地位。

早在 1978 年，大众汽车集团即开始了与中国的联系。1984 年 10 月，大众汽车与上海汽车工业集团的合资企业——上海大众汽车有限公司（现改名为上汽大众）奠基成立；1991 年 2 月，大众汽车与中国一汽集团的合资企业——位于长春的一汽——大众汽车有限公司成立。

目前，大众汽车集团在华经营范围包括汽车整车、零部件、发动机以及变速器的生产、销售与服务和金融服务等，其中，大众汽车、奥迪、斯柯达三大品牌已在上汽大众、一汽大众实现国产。2016 年，上汽大众、一汽大众与大众汽车集团旗下其他各品牌，向中国大陆及香港地区的客户交付国产和进口新车总计 400 万辆。

大众汽车目前在中国投资的合资与独资企业共有 18 家，其中上汽大众在上海、南京、仪征、宁波、乌鲁木齐、长沙建有 8 个生产基地，一汽大众在长春、成都、佛山、青岛、天津建有 6 个生产基地，包括合资企业在内，员工总数超过 8 万人。

美国大都会集团

美国大都会集团是世界上最大的寿险公司之一，成立于 1868 年，是人寿保险、年金、员工福利计划及资产管理业务的全球性提供商。大都会人寿为近 1 亿名客户提供服务，在美国、日本、拉丁美洲、亚洲、欧洲和中东地区近 50 个国家开展业务，并保持市场领先地位。目前，大都会人寿是美国最大的寿险公司，在 2016 年美国《财富》500 强中位居第

40 位。

大都会人寿于 1995 年在北京设立代表处,从而进入中国,并于 2004 年正式启动在华业务。目前,大都会人寿通过与上海联和投资有限公司合资设立的中美联泰大都会人寿保险有限公司从事经营。截至 2016 年年底,大都会在华共有 10501 名员工,其中包括 3793 名电话销售专员和 5584 名顾问行销代理人。大都会人寿在华总投资资产规模超过 49 亿美元,其中普通账户 47 亿美元。

2016 年,大都会集团的总保费在 28 家在华外资寿险和健康险公司中排名第 6 位。在《21 世纪经济报道》与美国加州州立大学联合发布的"2015 年亚洲保险公司竞争力"排名报告中,作为唯一一家合/外资寿险公司,跻身于中国内地寿险公司排名前十。

目前,大都会在包括广东省在内的 11 个省、直辖市,共计 25 个城市开展业务,所在地区的 GDP 占全国 GDP 的 56% 以上。大都会为中国客户提供有效的财务和保险解决方案,涵盖的领域包括养老保险、意外险和健康险、人寿保险、年金和团体保险等。

广东省是大都会在华业务的重要市场。大都会人寿在广东通过省级分公司,深圳、佛山及东莞中心支公司,以及汕头和珠海营销服务部开展业务。截至 2016 年年底,分公司共有 93 名内勤员工和 700 多名销售人员,为广东全省 150000 多名客户提供服务,有效保单约 235000 件。2017 年,广东分公司计划在各渠道加大招募,将总体销售人力增加到 1000 人。

高盛集团

高盛集团有限公司是世界领先的投资银行、证券和投资管理公司,为企业、金融机构、政府、个人等各领域的众多客户提供一系列金融服务。公司成立于 1869 年,总部设在纽约,在世界主要的金融中心均设有分支机构。

高盛于 1984 年在香港设立亚太地区总部,又于 1994 年分别在北京和上海开设代表处。此后,高盛在中国政府和国内大型企业在国际资本市场的大型交易中担任重要的角色。高盛也是第一家获得上海证券交易所 B 股交易许可的外资投资银行，以及首批获得 QFII 资格的外资机构之一。

高盛在中国的股票和债务资本市场建立起强大的业务网络。在过去的 22 年中，高盛一直在帮助中资公司海外股票及股票相关发行领域占据领导地位。在债务融资方面，高盛在中国牵头经办了多项大型的债务发售交易。高盛多次在中国政府的大型全球债务发售交易中担任顾问及主承销商。

与在世界其他地区一样，高盛在中国市场同样担当着首选并购业务顾问的角色，通过其全球网络向客户提供策略顾问服务和广泛的业务支持。

2004 年 12 月，高盛获得中国证监会批准与北京高华证券有限责任公司共同成立合资公司——高盛高华证券有限责任公司。合资公司的成立是高盛在中国发展的又一个里程碑。高盛拥有合资公司 33% 股权，高华证券拥有 67% 股权。高盛高华在华可开展本土 A 股上市业务、人民币企业债券、可转换债券和提供国内金融顾问以及其他相关服务。高盛在华的战略合作伙伴高华证券于 2004 年由几位中国资深银行家与联想控股有限公司共同投资创立，总部设在北京。公司管理层由具有国内外资深经验的证券界人士担任。高华证券是一家拥有全牌照的内资证券公司，可从事证券经纪、自营、私人财富管理等业务。

思科公司 CISCO

思科是全球科技领导厂商，自 1984 年起就专注于成就互联网。思科是美国最成功的公司之一，1984 年由斯坦福大学的一对教授夫妇创办。1986 年思科生产了第一台路由器，让不同类型的网络可以可靠地互相连接，掀起了一场通信革命。在过去 20 多年，思科几乎成为了"互联网""网络应用"和"生产力"的同义词，思科在其进入的每一个领域都成为市场的领导者。

1990 年上市以来，思科的年收入已从 6900 万美元上升到 2016 财年的 487 亿美元。目前，思科在全球范围内的员工逾 7 万名，在 2016 年《财富》世界 500 强中排名第 183 位，并位列 2017 年《财富》"最佳雇主 100 强"榜单第 67 位。

思科的人才、产品和合作伙伴都致力于帮助社会实现安全互联,并且把握未来的全数字化机遇。今天,网络作为一个平台成为了商业、教育、政府和家庭通信不可或缺的一部分,思科的互联网技术正是这些网络的基础。

思科于 1994 年进入中国市场。思科中国总部位于杭州,思科中国创新中心总部位于广州。目前思科在中国拥有员工逾 4000 人,从事销售、客户支持和服务、研发、业务流程运营和 IT 服务外包、思科融资及制造等领域的工作。思科在中国设立了 14 个外商独资企业以及 30 家分支机构。

汇丰控股有限公司 HSBC 汇丰

汇丰控股有限公司是汇丰集团的控股公司,总部设于英国伦敦,是世界规模最大的银行及金融服务机构之一,在欧洲、亚太地区、中东及北非、北美及拉丁美洲约 70 个国家和地区设有约 4000 家附属机构,通过环球零售银行及财富管理、环球工商金融、环球银行及资本市场、环球私人银行等四大环球业务,为超过 3700 万名客户提供全面金融服务。其在 2016 年《财富》杂志全球 500 强公司排名中位居第 68 位。

香港上海汇丰银行有限公司于 1865 年在香港和上海成立,是汇丰集团的创始成员和集团在亚太区的旗舰,也是香港特别行政区三家发钞银行之一。

在中国内地,汇丰是投资最多的外资银行之一,在投资自身发展的同时,也入股内地中资金融机构,其中包括入股交通银行 19% 的股份。2007 年 4 月 2 日,汇丰银行(中国)有限公司成立,是香港上海汇丰银行有限公司全资拥有的外商独资银行。目前,汇丰(中国)已在全国 57 个城市设立超过 170 个网点,拥有中国内地最大的外资银行服务网络。

汇丰银行是最早进入广东的外资银行之一,早在 1982 年就在深圳设立了代表处。1983 年在广州设立代表处。长期以来,汇丰一直将广东作为业务拓展的战略重点区域之一,目前已在 21 个地级市设立了 64 个服务网点,其中包括设于广州、深圳、东莞和佛山的 4 家分行,是广东省内网点最多、覆盖范围最广的外资银行。此外,汇丰已先后在广东设立了汇丰村镇银行、汇丰环球客户服务(广东)有限公司、汇丰软件开发(广东)

有限公司等其他机构。

微软 Microsoft

微软作为全球领先的软件、服务、设备和解决方案供应商,自 1975 年成立以来,一直致力于帮助个人和企业用户全面发挥科技潜能。40 年来,微软始终引领技术创新与变革,其卓越的软件、设备和服务能够帮助用户提升在生活和工作的方方面面,使数以亿计的用户真正受益于科技。微软公司总部位于美国华盛顿州雷德蒙德市,在全世界 190 个国家和地区建立分支机构,拥有超过 110000 名员工。

微软在中国的使命不仅是持续加大对中国市场的投入,更是与中国共创一个更具创新力、竞争力和人才培养的可持续发展未来。微软致力于利用全球领先的信息化技术,帮助中国经济实现更好的转型与发展,最终让每一个人、每一家企业真正受益于此。

自 1992 年在北京设立代表处至今,微软已深植中国 20 余年。今天,微软已经成为在华最大的外国投资企业之一。这得益于微软不断倾听并适应中国市场的本土化需求,并深度参与到中国信息化发展中。通过与中国产业合作伙伴携手创新,微软让越来越多的技术、产品和服务得以在中国落地生根。目前,微软在中国已经拥有超过 17000 家合作伙伴,微软每收入 1 元钱,合作伙伴的收入超过 16 元。2015 年年初,微软以"接地气的本土化产品策略,予力中国合作伙伴的负责态度"荣膺 *Fast Company* 杂志评选的"2015 中国十大最具创新力的公司",与阿里巴巴、腾讯、百度等企业并称为"重塑中国经济的企业"。

今天,微软已为中国提供了一个完整、庞大的生态系统:从开发者、合作伙伴、企业客户到普通消费者;从 Windows、Office、SQL Server、Cloud OS 到 Windows Phone、Surface 和 Xbox。面对移动为先、云为先的新世界,微软以安全、可靠的云计算服务为基础,基于微软大数据、移动解决方案的平台以及丰富的终端产品,切实助力中国用户、企业及政府机构,提高生产力,以创新技术推动经济发展。

第四编　聚光灯下的咨询会

——媒体公开

2017广东经济发展国际咨询会于2017年9月21日在广州召开。省长马兴瑞在会上做咨询会工作报告，与12位省长经济顾问围绕"集聚高端要素，促进产业金融科技融合发展"的主题，分享国际先进理念和成功经验，推动广东与各顾问机构加强合作，加快推进广东经济转型升级。

会上，各位省长经济顾问积极为促进我省集聚全球高端要素、推进产业金融科技融合发展、提升国际竞争力建言献策，重点从新兴技术、科技金融融合发展、粤港澳大湾区建设对广东转型升级的影响等方面，提出了数字化引领产业升级、充分利用国际资本市场、大力发展金融服务和健康产业、共建智能大湾区等意见与建议。

在咨询会召开过程中，新华社、中新网和南方网等众多媒体积极参与和热情报道，他们结合广东经济发展的现实，从不同的角度和视角剖析和审视咨询会的成果。正是在他们的推介之下，本次咨询会才得以真正在广东大地落地生根，进入每一位关心广东经济发展的读者、观众或听众的视野。

第十一章　顾问专访：超级外脑谈湾区

9月21日，2017广东经济发展国际咨询会举行，广东迎来了两年一次的"洋顾问"思维旋风。

此次参会的12位省长经济顾问，长期任职于全球领先企业或知名研究机构，具备世界先进的理念、成功的实践和丰富的经验。而在访谈中，他们不约而同地把眼光投向了同一个新生事物——粤港澳大湾区。这说明，在广东携手港澳加快推进世界一流的大湾区建设之时，世界也在密切关注着大湾区的一举一动。

借国咨会举办之际，《南方日报》记者与多位省长经济顾问进行深入交谈，听取他们对粤港澳大湾区建设的意见与建议。同时，《南方日报》记者也分赴纽约湾区、旧金山湾区、东京湾区等地，从世界级湾区建设的先进经验中寻找粤港澳大湾区建设的可借鉴之道。这些"超级外脑"给粤港澳大湾区出了些什么"金点子"？

一、IDG资本全球董事长熊晓鸽：未来十年，粤港澳大湾区将成全球关注焦点

在中国，IDG的名字经常和一些民众耳熟能详的企业名字联系在一起：腾讯、携程、百度、小米、美图……因为，IDG正是这些优秀公司的投资人。而现任IDG资本全球董事长的熊晓鸽（Hugo Shong），则被称为"中国引入高科技产业风险基金的第一人"。

来穗参加2017国咨会的熊晓鸽笑着告诉《南方日报》记者，广东是IDG的"福地"。正是在1999年第一届高交会上，IDG投给了当时成立刚

一年的腾讯公司第一笔风险投资。如今 IDG 在中国投资已有 24 年，投资的 500 多家公司中就有 100 多家在广东，其中既有柔宇这样的科创型公司，也有喜茶这样的新消费公司。

这次，IDG 的"慧眼"瞄中了粤港澳大湾区。

熊晓鸽认为，粤港澳大湾区的资源更丰富、配置更完善，具备发展的众多优势条件，未来十年将成为全球关注焦点。他建议，借助香港、澳门的资金平台优势，结合广东的土地、人口和产业升级等优势，设立"湾区产业成长基金"，引入全球海量创新项目，也为大湾区原有的优质企业提供成长期金融服务。

谈及全球化，熊晓鸽鼓励广东企业积极"走出去"，一方面掌握核心技术、创立自有品牌；另一方面了解外国文化及环境，真正融入国际市场。他甚至大胆预测，未来在人工智能、消费升级以及跨境互联网金融等领域，很有可能出现下一个"BAT"企业，而且很有可能诞生在广东。

他幽默地打了个比方："旧金山湾区有 5 座大桥，而这 5 座大桥的长度加起来还不到港珠澳大桥的一半。"熊晓鸽说，粤港澳大湾区是一个了不起的战略，这里也将成为吸引全世界游客的地方。

1. 港珠澳大桥将发挥神奇作用

南方日报：此次国咨会的主题是"集聚高端要素，促进产业金融科技融合发展"，您这次提了哪些建议？

熊晓鸽：我们的建议主要关注的是广东未来的发展。中国经济已经到了发展的关键时期，成为世界第二大经济实体，而广东又是强中之强。从融资角度看，培育一个成熟的基金大概需要 10 年时间，黄金投资期就在前面 3～5 年。对于资本来说，前期投向什么方向很重要。所以，我提的建议就是关于未来 3～5 年广东的投资方向。

南方日报：您如何看待粤港澳大湾区对广东经济发展以及创新创业的意义？

熊晓鸽：粤港澳大湾区是非常好的战略，我觉得未来 10 年，粤港澳大湾区都会是全世界关注的焦点。

现在谈到湾区，大家就想到硅谷、旧金山湾区。那里有很好的工业基础，比如半导体、电子工业等，也有优秀的学校和人才，还有很重要的是有风险投资。但旧金山湾区也存在一些问题，一方面，资本市场不在这，而在纽约湾区；另一方面，技术交流也有些分散在拉斯维加斯。

相比之下，粤港澳大湾区资源更丰富、配置更完善。既有香港、深圳的证券市场，资本环境好；香港、广州也有很多一流高校，培养更多的创新人才；同时，通过30多年的改革开放，珠三角创业氛围已经培养起来，甚至比美国还强。

南方日报：除了广深之外，粤港澳大湾区建设会给珠三角其他城市带来怎样的机遇？

熊晓鸽：过去20个月，我去了20次珠海，平均每个月1次。我觉得珠海，尤其是横琴有很大的发展机会。随着港珠澳大桥开通，香港、澳门、珠海将连成一片。深圳和珠海是同时对外开放的，为什么深圳发展比较快？一个关键因素就是深圳毗邻香港，货物、人才流动方便，离资本市场又近。港珠澳大桥开通后，珠海与香港的沟通会密切很多，我个人非常看好珠海。

南方日报：您觉得粤港澳大湾区建设对资本流通会起到哪些促进作用？

熊晓鸽：作用非常大。未来很多在香港从事金融等行业的人才，都会选择到香港上班、在珠海居住。就像美国的纽约湾区，很多人不会选择在曼哈顿以及纽约居住，而是住在外面的卫星城，坐地铁去上班。旧金山湾区有5座大桥，把周围城市连接起来，但是，这5座桥加在一起还没港珠澳大桥一半的长度长。未来港珠澳大桥将发挥一个非常神奇的作用。

2. 打造"湾区产业成长基金"，为企业提供成长期金融服务

南方日报：如何吸引海外资本进入广东，您在政府决策、营商环境以及投融资管理方面有哪些建议？

熊晓鸽：每个地方发展都需要吸引外资，我个人认为不需要特殊政策。最好的是，大家都能公平竞争，但同时对一些区域做重点规划。

在粤港澳大湾区的国家级战略发展下，可以借助香港和澳门的资金平台优势，结合广东的土地、人口和产业升级等优势，打造"湾区产业成长

基金",引入全球海量创新项目,同时也为大湾区原有优质企业提供成长期金融服务。

在成长期基金的设立和操作中,政府在其中扮演的角色更多为引导和服务,通过设立不同行业的子基金,利用港澳的资本平台、国内外融资渠道等方式放大资本使用优势,与各产业中优秀的股权投资基金进行合作,以实现投入小、产出大、见效快等效果。

南方日报: 在广东企业"走出去"方面,IDG能给哪些建议?

熊晓鸽: 广东对外开放比较早,对市场的敏感度比其他地方强,如何把强项与先进制造业结合是关键。过去广东很多企业做代加工,导致上游的原创技术、品牌设计及下游的销售服务等都被国外公司把控。我认为,一方面,企业要做好自己的原创技术、自有品牌以及销售渠道,IDG也投资了很多先进制造业;另一方面,也可以通过跨国兼并,比如今年IDG完成对中山的木林森公司的投资,之前投资了湖北的华创光电,把这两家专注LED的公司结合之后,又收购了欧洲照明LED经销商欧司朗。因此,我们进入欧洲市场很快,同时欧洲市场的需求反馈又对我们生产、设计的改进也有帮助。

南方日报: 在进入国外当地市场时,广东企业要注意避免犯什么错误?

熊晓鸽: 买卖企业是比较容易的事,最大的问题是管理,其中的关键是融入。所以,要避免犯当年日本和中国台湾企业在国际扩张时所犯的错误。20世纪80年代,日本和中国台湾在美国收购了很多公司,但是,他们对当地文化、语言以及商业环境都不熟悉,最后没有发展好。真正要进入国外的主流市场,必须建立起很好的团队,可以在当地招聘人才或者是寻找好的合作伙伴。

3. 广东有机会诞生下一个"BAT"企业

南方日报: 在粤港澳大湾区的背景下,广东有哪些较好的投资机会?未来的风口主要集中在哪些领域呢?

熊晓鸽: 对于IDG资本,TMT(指科技、媒体和通信)是最关注的重点领域。我们做投资,希望投资有技术门槛的项目,这也是我们的竞争优势。第二个关注的领域是人工智能、新能源车、节能技术等。第三个关注领域是消费升级，比如健康领域，特别是早期疾病的预防监测，甚至将医疗康养和旅游结合，这些都属于消费升级。

此外，跨境的互联网金融也是未来投资需要关注的热点。我认为，走向国际化才是未来的投资态度。我们一直在说想要投出下一个的"BAT"，下一个BAT是什么样的？很重要的一点就是国际化。

南方日报：在您看来，广东有可能诞生下一个BAT企业吗？可能出现在哪些领域？

熊晓鸽：很有可能。广东本身在商业发展方面就很了不起，比如"BAT"中的腾讯就在广东，但有一个不代表就不能再出现一个。广东的经济发展在全国处于领先地位，未来在先进制造业、服务升级、医疗健康以及互联网金融等领域完全有可能出现超越BAT的企业。

我个人认为，现在"BAT"更多的是互联网技术创新以及商业模式创新，但下一个"BAT"企业能不能出现偏制造业方面的公司，甚至共享经济方面。

我希望，未来中国企业能在制造、原创、技术、设计等方面出现领先全球的巨头企业。另外，除了云服务，"BAT"在B2B领域不是做得很多，这个领域很有机会。

南方日报：您刚才也提到共享经济，IDG也投了一些共享经济项目，您如何看待共享经济的发展？

熊晓鸽：共享经济的出现是因为移动互联网的发展，这是新的业态，但每个业态能否实现发展都必须到市场上检验。最终成功的商业模式一定是客户喜欢的，只有用户觉得产品以及服务有用，才能支撑公司发展，只是靠投资人烧钱不可持续。很多领域可以做共享，但了解哪种共享才能保持健康持续发展，这是最重要的。

【采写】《南方日报》记者：彭琳　实习生：张子俊　梁锶明

【校对】李冠洁

二、ABB集团亚洲、中东及非洲区总裁顾纯元："大湾区要借数字化换道超车"

顾纯元又来广州了。这一次，这位来粤多次的广东"省长经济顾问"有了新的身份——2017年7月，顾纯元成为ABB集团执行委员会成员，并出任亚洲、中东及非洲区总裁。在这家"百年老店"的历史上，头一次由华人担任如此重要的位置。

作为电力和自动化领域的专家，深刻了解中国这块愈发重要的市场，无疑是顾纯元的"加分项"；而在强大实力的基础上，积极开展与本土企业合作共拓市场，也成为ABB集团的"得分点"。

"中国是ABB集团全球第二大市场，而广东则占据在华最大份额。非常重要，所以我经常来。"顾纯元温谦有礼，思维却非常敏锐清晰。"我们眼下正赶上第四次工业革命，粤港澳大湾区要抓好这个时机，借助数字化、智能化换道超车，并进一步串起三地优势，建设世界一流的大湾区。"

1. 抓住三方面，看好大湾区未来发展

南方日报：今年粤港澳大湾区启动规划建设，您怎么看这对广东的影响？未来发展要注意什么？

顾纯元：建设粤港澳大湾区，对广东来说是一个重要的战略机遇。凡是发展得好的世界级湾区或城市群，一定是抓住了天时、地利、人和三个条件。而这几个方面，粤港澳大湾区都有良好的基础和优势。

其中"地利"最显而易见：粤港澳位置得天独厚，本身交通非常便利，特别是水路发达、港口众多。

"天时"则是在世界发生重大技术变革时，成功的湾区往往都能早早介入，并获得变革带来的红利，比如硅谷就抓住了时代变革的机遇成长起来。眼下我们正好赶上了第四次工业革命，广东响应《中国制造2025》大力发展智能制造，这个时机就抓得非常好。接下来要进一步利用数字化、智能化加快制造业转型升级。

"人和"是指区域、行业之间的良好协同，营造包括生产、商贸、金

融、教育等在内的健康生态环境。优秀技术创造优秀企业，优秀企业需要优秀人才，优秀人才要有优良环境才能留下来。这一点广东经济基础好，而且产业众多、链条完整，发展机会多元化，比其他地方有更好的活力和潜力。

抓好以上三方面，我看好广东和粤港澳大湾区未来的发展。

2. 加大数字化、智能化程度串起大湾区优势

南方日报：和世界知名三大湾区相比，我们起步晚一些，要想建设成世界级大湾区，您有怎样的建议？

顾纯元：我想特别强调刚刚提到的一点：当前，能源革命和第四次工业革命正重塑全球产业格局，以物联网、大数据为代表的数字技术不断推动众多行业变革转型。中国已成为这一轮全新技术革命的重要参与者，持续缩小与发达经济体之间数字鸿沟的同时，不断扩大数字经济带来的红利。

广东作为中国经济发展的先锋，一直做得不错。在粤港澳大湾区建设中还要继续加大加深介入这一进程，通过更多的数字化、智能化，把整个大湾区的产业优势、资金优势、人才优势串起来综合利用，提升核心竞争力。

南方日报：具体怎么理解串起这些优势？借助数字化转型能实现弯道超车？

顾纯元：不是"弯道超车"，可以说是"换道超车"。是在数字化、智能化时代智能制造的硬实力加上高端服务等软实力的提升。广东有个无可比拟的优势——强大的制造业基础。借助数字化向智能工厂转型，可以降低成本、节约能源、提高整体产出和利润，实现从制造大省向制造强省的升级。再结合港澳在金融、服务等软实力的优势，前景非常好。

而且广东近年来实施创新驱动发展战略，培养和引进高端人才和创新团队，加快了换道超车的速度。ABB对广东的营商环境和各种条件一直比较满意，很愿意在这里投入。特别是在过去几年，我们在广东加大了研发力度，不仅更好地服务本土，甚至有一些服务全球的研发团队也在广东，这让我感到很自豪。我们计划继续加大科技创新和研发力度，利用 ABB

Ability 数字化解决方案，与广东企业一起挖掘物联网和大数据的潜力，实现全面转型升级。

3. 重视对综合型技术人才的培养

南方日报：谈到创新和建设大湾区，如何培养和吸引高端人才？

顾纯元：未来的竞争肯定是人才的竞争，不是资金层面的竞争。真正一流的湾区要有一流的企业，也就要有一流的企业家和高端人才。大家知道这里有市场和商机，但教育、医疗、生活质量等，才是更能吸引高端人才留下的因素。

但我更想强调的是，还要更加重视综合型技术人才的培养。创新发展建设好大湾区不仅需要研发人员，也需要大量优秀的工程师和技工。因为要提高制造业水平，成功研发或引进好的设备并不够，还要有人懂得用，才能把它们的效益发挥到最大。

特别是广东行业很丰富，各行各业生产制造环节不一样，简单地上新设备解决不了问题，可能成本更高、效益更低。因此，我们一直在培养了解多种工艺、能用好这些设备的综合型技术人才。早在2011年，ABB与深圳职业技术学院签署框架合作协议，共同建立自动化技术培训基地，培养懂得操作机器人各种工艺的高级技工。后来又与利迅达等广东企业开展合作，共同建立开放式的教育平台。

希望政府能够更重视这类人才的培养，从规划、政策中进行引导。另外还包括对在岗工人的再教育，鼓励他们不断学习提高，大量培养这类工匠对将来真正实现制造强省、制造强国非常重要。

【采写】《南方日报》记者：肖文舸　实习生：曾妍

三、安永全球客户服务主管合伙人卡迈恩·迪西比奥：推动粤港澳大湾区经济一体化

这是安永全球客户服务主管合伙人卡迈恩·迪西比奥第一次来广州参加广东经济发展国际咨询会，他连称："非常荣幸！"

作为全球领先的审计、税务、财务交易和咨询服务机构之一，安永（Ernst & Young）在全球有 25 万名员工。卡迈恩·迪西比奥表示，中国是安永的发源地之一。最新数据显示，截至 2017 年 6 月 30 日财年，安永全球收入增长 7.8%，其中大中华区增长约 15%。

"安永非常重视广东市场。在粤港澳大湾区的历史机遇下，我们认为广东具备重大战略优势，将进一步加速与全球经济整合。"卡迈恩·迪西比奥说，安永在中国运营时间已经超过 50 年，在全球化和本土化两方面都具有优势。

对比纽约和旧金山湾区，他认为人口基数大、基础设施建设规划更合理是粤港澳大湾区的独特优势。他建议在大湾区深化现有的服务业自由贸易和合作协议，推动大湾区经济一体化。

1. 持续推进与全球经济整合

南方日报：在粤港澳大湾区背景下，您给广东带来了哪些建议？

卡迈恩·迪西比奥：广东省的经济发展在中国乃至世界均处于领先地位，目前正在向新的经济模式转型。在保持制造业优势的同时，广东未来应该发展更多新兴科技。

广东要持续推进与全球经济的整合。2015 年广东自贸试验区设立，覆盖广州南沙、前海蛇口和珠海横琴三个片区，粤港澳服务贸易自由化也已经取得明显成效。在此基础上，广东省应进一步深化现有的服务业自由贸易和合作协议，推动粤港澳大湾区经济一体化，把大湾区发展成为一个重要的商业中心。此外，我们还有一些细节上的建议，比如增加海外投资、借鉴海外经验等。

南方日报：对比美国的纽约和旧金山湾区，您觉得粤港澳大湾区有哪些优势？

卡迈恩·迪西比奥：首先，我认为粤港澳大湾区有一个极大的优势：人口基数大，这是纽约湾区、旧金山湾区所不具备的优势条件。其次，粤港澳大湾区的基础设施建设规划更加合理，这也是独特优势。

南方日报：在推进与全球经济整合过程中，政府应扮演何种角色？

卡迈恩·迪西比奥：从政府角度出发，这意味着专注于面向市场的商业监管,这些监管规则可以在一系列试点项目中得到完善,以便最大限度地提高广东省的竞争力。例如,通过基础设施投资与监管、税收减免以及土地租赁优惠的方式,进一步推动贸易以及投资的便利化。而扩大服务行业的整合,对于从全球生产和贸易价值链中获益十分重要。包括金融服务,如通过支持香港的金融机构向区域内的企业和项目发放人民币贷款,扩大跨境合作以及将香港发展成为中国人民币离岸中心。

2. 推动对新技术的专项投资

南方日报: 对于广东在创新领域的战略投资,安永有哪些建议?

卡迈恩·迪西比奥: 我们建议广东推动对新技术的专项投资,将创新思维应用到对技术的战略投资。智能制造业是广东具有明显竞争优势的一个领域,此前广东省已经公布了几项采纳智能制造的战略和投资计划。下一步应继续巩固其在智能制造领域的领先地位,并进一步向航空和高级生物技术等领域扩展。

南方日报: 如何将粤港澳大湾区打造成具有市场化、国际化、法治化的营商环境?

卡迈恩·迪西比奥: 首先是法律方面,政府应该制定促进企业发展的法律法规。我们需要一条法律的准绳,帮助保护公司的知识产权以及财产资金的合理配置。

其次,政府的优惠政策也是重要一环。政府应该合理提供优惠政策,对于消费者,包括税收优惠、购买指定商品享有的优惠等;对于公司,包括地区所给的优惠政策。

【采写】《南方日报》记者:彭琳 实习生:张子俊 王天遥

四、专访艾默生总裁孟瑟:广东应"跨界"推动数字化发展

作为广东的"老朋友",自 2007 年起,艾默生总裁孟瑟(Edward L.

Monser）已连续 6 次出席广东经济发展国际咨询会。而布局中国业务近 40 年，如今中国已成为艾默生公司全球第二大，也是增长最快的市场。截至 2017 年，该公司在中国设立 30 多家企业，约 1/3 的专利来自中国员工。在广东，艾默生设立了热敏碟工厂及其亚洲研发中心，以及全球仅有的两家费希尔设备制造厂之一。此次来到广州，孟瑟直言他"依旧非常兴奋"。"广东开放、包容、真诚，一直努力倾听和学习世界上正在发生的新鲜事，并为保持中国最开放、最先进省份持续努力。"孟瑟接受《南方日报》记者专访时表示，建设粤港澳大湾区是中国一个充满智慧的战略规划。广东应充分利用粤港澳大湾区优势，建立跨界数字创新生态系统并实行全面保护，加速政府、企业、科研机构、大学之间开展的联合创新，从而推动广东参与全球经济和创新发展。

1. 智能技术推动广东扩展"国际连接"

南方日报：您一直非常关注广东经济发展，今年已是第 6 次参加国咨会。这次您提了哪些建议？

孟瑟：广东乃至中国过去经历了巨大的经济繁荣时期，现在已到达关键转折点，制造业转型升级尤为重要。未来广东要继续更好地参与全球经济竞争，创新和应用数字技术是关键，尤其是在政府管理领域和商业领域。建议利用最新的科技，如自动化、分析和人工智能等，推动企业和产业变革，将广东与周边地区的"区际连接"扩展至面向全球的"国际连接"。政府和产业协会可通过面向制造商和供应商的线上线下平台分享知识信息。税收减免、补贴等财务激励措施也可用于促进自动化发展，特别是数据收集和分析领域的发展。政府还可率先开放自身信息系统，与企业共享数据。此外，广东还可加大教育、住房、交通和医疗等领域投资，改善人民生活。简化政府办事流程，比如推动更多的先进设备仪器进口，用于企业研发。

南方日报：当前粤港澳大湾区建设正在加速，广东与世界交流合作更加紧密，您对此有何期待？

孟瑟：建设粤港澳大湾区是中国一个非常智慧的战略规划。粤港澳大湾区发展潜力巨大，我认为在基础设施建设、信息互联互通、政府合作等重要方面甚至已经超越东京湾区和旧金山湾区,未来将有更多的领域涌现大量商机。政府应对数字技术发展提供更多的资金支持,大湾区可先行先试。艾默生在广东和香港均有重要业务布局,现在正积极寻求合作机会,参与粤港澳大湾区建设。比如通过艾默生的智能制造和数字技术,推动广东更多的企业和产业转型创新,共同促进粤港澳大湾区基础设施建设、信息化建设以及大数据等新兴产业发展。

2. 建议加强湾区内知识产权和网络安全保护

南方日报: 借力粤港澳大湾区发展,广东怎样更好地聚集海外创新资源、融入全球创新网络?

孟瑟: 广东走的路很聪明、很好,充分利用了粤港澳大湾区的区位优势,参与全球经济和创新发展。未来要更好地发展开放型经济,实现开放创新,必须建立跨界数字创新生态系统并实行全面保护。数字生态正在帮助我们实现跨国界发展,突破距离限制,使我们可以开展联合创新。但同时要注意一点的是,要对生态系统内的知识产权形成"绝对保护"。广东要在现有相对完善的知识产权保护立法基础上,进一步加强执法,让知识产权交易和保护行之有效。同时,要维护网络安全,确保个人和企业的各类数据、信息、资金等安全,这是像艾默生这样的跨国公司考虑投资地点的关键因素。此外,还要加大对人的投资。人才建设和高等教育发展是广东提升创新能力的重要方向,斯坦福大学就是其中楷模,广东可复制其经验。

南方日报: 您提到人才和教育是实现创新全球化的重点,有何具体建议?

孟瑟: 广东在高质量工程师培育、教学型应用型大学建设等方面很有优势,但现在,"研究导向型"的高等教育新趋势日益重要。在美国,很多顶尖教授将毕生精力贡献给尖端科学与工程领域,而非教学和产业应用。广东要补上这一不足,加大对研究型大学的各项投入,这将造福广东长远发展。全社会的职业教育同样至关重要。现在30%的工作需要大学以上学历,50%的工作需要专业技能,广东需要大量专业技能人才支撑,去创造新经济。因此,要加强技术导向型的教育与培训。

3. 广东企业走向国际要实现"本地化"

南方日报：当前，全球化呈现怎样的发展趋势？广东如何在全球化中扩大开放优势？

孟瑟：现在全球化的形势更加复杂，但中国令人期待。尤其是"一带一路"倡议提出后，很多国家期待中国站在更高的舞台上支持全球化、支持开放、支持健康的贸易往来。广东做得最好的一点，就是在世界范围内推进开放的经济关系，政府和企业两个层面都非常支持、非常活跃。开放的全球贸易是高端制造业发展的基础之一，未来，贸易条件的变化将影响全球和地区如何选择技术与生产方式。对于广东省政府来说，要加快数字平台和基础设施建设，使更多的广东制造业企业能低成本、高效率地与全球供应商展开交流合作，实现产业生态系统跨国界发展。除战略合作外，广东企业应多探索直接"走出去"，到不同国家和地区进行直接投资。

南方日报：广东是中国制造业最强的省份之一，有很多的好产品。广东企业应怎样强化国际品牌建设，在全球化中紧握国际话语权？

孟瑟：树立知名的国际品牌是一项长期工程。从艾默生的经验来看，打响国际品牌最好的办法，就是"解决你的竞争对手没能解决的问题"，为国际市场带去新产品、新服务。只有创新的产品和服务才能让企业与市场、客户、消费者建立最直接的联系，提升品牌知名度，而无须经过其他环节。还有一点是要推动"国际企业本地化"。比如在中国，艾默生希望公司的员工都是中国人，这样才能与中国客户联系顺畅、信任充分，建立长远合作关系。广东企业"走出去"时，要根据不同区域市场的特征，让自己成为"当地企业"，带动当地经济发展和科技创新，吸纳当地的管理理念和人文风俗，组建本地化团队。

【采写】《南方日报》记者：陈晓

【校对】潘俊杰

五、IBM 高级副总裁罗思民：让粤港澳大湾区成为国际一流人才大本营

IBM 全球高级副总裁罗思民鼻梁高挺、眼窝深邃，只会说一些简单的中文，但能听出其中的北京腔。

去年，罗思民做出了一个重大的决定：举家迁往中国，成为 IBM 历史上第一个常驻北京工作的高级副总裁。

近年来，作为"百年老店"的 IBM 从生产硬软件的传统优势中跳出来，向着做一家"认知解决方案和云平台的公司"转型，抢占物联网、大数据、人工智能巨大机遇的潮头。

大船转向，需要十足的动力和决心。对于这一点，正在加快朝智能制造和创新驱动转型的广东乃至中国深有体会。作为中国经济第一大省，广东尤其重视互联网和新一代信息技术给制造业和整个经济赋予能量。

这与 IBM 一拍即合，罗思民常驻中国就是一个积极的信号。对于粤港澳大湾区，罗思民很感兴趣。"珠江之畔非常怡人，要努力打造良好的自然和社会环境，把这里建设成为国际一流人才的大本营。"他说。

1. 营造有利人才聚集的环境

南方日报：作为一家跨国企业的高级副总裁，您为什么选择常驻中国？

罗思民：去年起，我成为中国业务的联络官。每一次离开中国，我都感觉还有些事情没做完。所以 2016 年年底，我主动提出常驻中国。从此，我把北京变成出差起点，而不是目的地。中国市场非常重要，而你只有亲眼见到并且参与中国的业务，才能够真正理解它。

南方日报：再次出任广东省长经济顾问，您带来了什么建议？

罗思民：当今世界的转型和发展有 3 个很重要的支柱——物联网、大数据、人工智能。我觉得这对广东的发展非常重要，这里有很多的制造业企业，他们在生产运营中会产生大量的数据，但这些数据如何进行存储、加工，进而学习和分析，广东需要好好加以利用。这也与 IBM 的优势不谋

而合,我们希望运用擅长的技术来帮助广东企业更好转型。

第二个建议特别针对粤港澳大湾区。这个概念非常好,可以给广东带来很多的机遇。我建议广东省持续加大开放力度,吸引来自世界各地的人流、商流、物流的聚集,形成创新流,这也是硅谷成功的经验所在。特别是广东、香港、澳门更应该多促进人员之间的自由流动,只有逐步解决目前人员在三地之间流动的一些障碍,才能打造成功的一流湾区。

同时,建好世界一流湾区的关键在于国际一流人才。要营造有利于人才聚集的自然、社会环境,让他们会留在大湾区。

2. 技术应用需"量身打造"

南方日报:粤港澳大湾区要建成国际科技创新中心,广东应如何加快发展物联网、大数据、人工智能,来促进转型升级?

罗思民:在实践中,我们深切地感受到,广东向智能制造转型发展的决心和对物联网的重视令人惊喜。而人工智能和认知计算的商业应用正是IBM的强项。

比如IBM和广东企业华星光电合作,开展LCD液晶屏视觉缺陷检测。原来一天生产的70万个液晶面板全部要通过人眼来筛查瑕疵,这非常消耗精力。我们通过认知计算的技术,由机器筛查和锁定少数有问题的面板,再由人眼来核查确认。可能只是在5个面板里挑出有问题的而不是70万个,大大节省精力并提高效率。在生产环节预计可帮助华星光电节省约85%的人力投入。不仅如此,机器还能够通过学习不断提高筛查的准确度。

我想特别强调的是,技术应用在不同的行业和企业会面临不同的情况,所以需要量身打造。跟华星光电合作的这项技术正是IBM中国研究院开发出来的。作为我们全球13个研究院之一,中国研究院拥有非常优秀的科学家和技术人员。随着中国本土的研发能力不断增强,我相信还会有更多贴合本地需求的新突破、新技术产生。

【采写】《南方日报》记者:肖文舸 实习生:曾妍

六、汇丰亚太区行政总裁王冬胜：深化粤港合作，融入全球创新网络

去年以来，经常往返广深两地的旅客发现，广深铁路上的部分动车车厢外部印上了红白相间的汇丰商标，十分醒目。

飞驰在广深铁路上的"汇丰号"动车，一直驶到深圳罗湖口岸，是粤港之间人员往来的快速交通工具。而作为发源香港、最早扎根广东的金融机构之一，汇丰银行也已成为广东与香港金融融通的重要载体。

汇丰集团总部设于英国伦敦，1865年汇丰银行在香港营业，自此与毗邻香港的广东结下深厚渊源。目前汇丰是广东省内网点最多、覆盖范围最广的外资银行，在21个地级市拥有64家分支行。"广东对我们很重要。"汇丰集团常务总监兼亚太区行政总裁王冬胜直言。从2013年开始，王冬胜已连续3次参加广东经济发展国际咨询会。此次他关注的焦点，正是粤港澳大湾区，所提交的咨询报告主题为《以粤港澳大湾区为契机驱动广东金融和科技产业融合》。他认为，借助粤港澳大湾区的机遇，粤港应进一步深化合作，共同推动经济升级转型，更好地融入全球创新网络。

1. 大湾区城市群将成为全球创新重要枢纽

南方日报：汇丰银行服务广东企业的渊源已久。在您看来，广东制造业如何借助粤港澳大湾区的机遇，提升其在国际产业链分工中的地位？

王冬胜：在中国改革开放的初期，香港和广东省凭借"前店后厂"的经济格局，成就了珠三角"世界工厂"和香港现代服务业的地位，广东省在产业升级、技术创新方面走在全国前列，珠三角地区成为内地迅速崛起的科技创新中心。

如今面对全球经济疲软、劳动力成本上涨、海外竞争加剧等诸多挑战，中央政府制定"粤港澳大湾区"发展规划。我认为，粤港澳大湾区将进一步推动华南地区与港澳的深入合作，大湾区城市群也将成为全球创新、金融、航运和经贸的重要枢纽。作为一家国际性银行，我们看到有越来越多的广东企业在加大自身科研投入的同时，开始通过海外并购增强其

科技创新能力，加快融入国际市场的步伐。

南方日报：那在这之中，粤港合作可以发挥什么样的作用？

王冬胜：多年来，香港一直是广东与世界进行货物贸易的重要"窗口"，众多广东制造的产品通过香港销往全球各地。在珠三角向高科技制造和创新中心转型的过程中，香港亦可凭借自身优势发挥重要的作用。进一步深化粤港合作，将有助于推动广东经济的升级转型，帮助广东企业融入全球创新网络。

广东企业可以借助香港这一国际金融中心的平台，为其海外并购、市场拓展进行融资。目前就有不少企业在香港联交所上市，一些初创企业也获得了香港私募基金的支持。此外，融入全球市场不仅需要资金的支持，也同样需要对国际市场规则的深入了解，香港拥有大批熟谙国际金融规则和市场化运作方面的专才，也能够为广东企业走向国际提供支持。比如说汇丰的全球网络和跨境专长，能为广东企业在全球各个市场的业务拓展提供服务。

南方日报：粤港澳大湾区城市群内部应如何分工？

王冬胜：世界绝大多数成功湾区发展的共同点在于：拥有发达的服务产业、国际金融中心、科技创新中心和交通运输枢纽。这些特征也呼应了中国对粤港澳大湾区的规划。考虑到地理条件优势，粤港澳大湾区要立足于产业互补分工、融合再造和重塑区域经济空间结构，比如深圳要做"中国的硅谷"，成为制造和创新中心；广州要力争成为国际贸易枢纽、初创企业驻扎地和500强企业亚洲总部所在地；香港是全球领先的金融中心，也是内地获取国际资源、资本和人才的门户；澳门是旅游与休闲服务业中心。结合以上城市的优势，这个区域将在全球合作与竞争中释放巨大的潜力，创造不可限量的经济增长。

2. 鼓励跨境人才流通是关键

南方日报：与其他世界级湾区相比，粤港澳大湾区存在哪些不足？

王冬胜：当然，目前，大湾区和全球最成功的湾区之间还存在发展差距。粤港澳大湾区战略面对着来自于现有体制的挑战。三地政府的运作模式、法律体系、监管和市场制度、货币、金融架构以及合规要求都有所不同。为加快区域一体化建设，应思考如何加强区内多元化经济活动的优势，把重点放在货物、资金、信息、金融和人才的流通上。

我提出的建议可归纳为三点：第一，内地和香港应紧密合作，创造一个和谐的监管环境，配合当地的银行和创新金融机构的发展。第二，推动金融科技发展，加强大湾区内的联系。第三，鼓励跨境人才流通是关键。

南方日报：在推动金融科技发展方面，您认为有哪些需要改进的？

王冬胜：不管以任何标准衡量，中国都是全球金融科技的领导者，在电子支付市场更是遥遥领先。然而在粤港澳大湾区内，目前尚没有一个跨境通用的数字解决方案。主要原因是香港和内地的管治和监管制度、合规要求和结算平台均存在差异。我建议进一步推动金融科技发展，加强大湾区内的数字支付联系，以鼓励商业发展，以带来更畅顺的客户体验。

在这之中，广东省应扮演着推动和监管者的双重角色，在大湾区营造一个平衡的监管环境。在平衡和安全的监管环境下，香港和广东的银行和科技企业可考虑对接后端系统，以助建立跨境通用的数字平台。此外，建议将深港现代服务业合作区（前海）打造为发展协调中心和试点。广东省政府可考虑进一步打造一个专注发展金融科技、完善的创新生态系统。这有助于将前海建造成全球领先的金融科技中心，支撑大湾区的高新科技和可持续经济发展。

3. 营造开放、公平、高效市场环境

南方日报：广东如何培育更多具有国际竞争力和影响力的跨国企业？

王冬胜：在过去10多年里，我们已经见证了许多广东企业在全球市场上的成功例子，不仅有美的这样的大型制造业企业，也包括像华为、中兴这样的高科技巨头。从它们的成功中可以看出，在海外市场取得成功不仅需要企业具备长远发展的战略远见、整合全球资源的能力，也需要管理制度和企业文化与海外市场的接轨与融合。从广东省政府的角度看，我认为营造一个开放、公平和高效的市场环境对推动本土企业的"全球化"最为重要。

广东作为中国改革开放的前沿，不仅是中国对外贸易第一大省，在对外投资方面也保持领先，多年来与海外市场保持着密切的经贸往来，这为

本地企业走向全球奠定了良好的基础。相信广东自贸试验区和粤港澳大湾区建设的推进将为广东企业的海外拓展提供更多的业务机遇和政策支持。

南方日报：广东如何吸引更多的跨国公司和高科技企业来粤设立研发中心？

王冬胜：在吸引跨国公司设立研发中心方面，人才资源非常关键。目前微软、苹果等全球领先的高科技公司纷纷在深圳设立研发中心，不仅是看中其 IT 产业中心的地位，更多的是因为很多知名大学在深圳都设有研究院或研究机构，加上深圳毗邻香港，便于从香港的大学里招聘人才。因此，加大人才培养的投入、采取更多措施吸纳海外高科技人才，将有助于吸引更多的国际企业在广东设立研发中心。

【采写】《南方日报》记者：唐子湉

【校对】洪江

七、微软全球资深副总裁洪小文：粤港澳大湾区如何发展科技产业

在人工智能领域，洪小文的名字几乎无人不知、无人不晓。他毕业于国际顶尖计算机科学研究院校卡内基梅隆大学，与李开复是同门师兄弟，是国际公认的语音识别技术专家、美国电机电子工程师学会院士。

作为最早进入中国的国际知名科技企业，微软于 1998 年在中国设立亚洲研究院。现在，这一全球顶级科研机构的"掌舵者"，正是洪小文博士。微软全球资深副总裁、亚洲研究院院长的洪小文，见证了微软在人工智能领域的研发拓进。

多年以来，洪小文所率领研发团队的最新成果不断在广东落地生根。早在 2014 年 10 月，微软就与广东省政府签署战略合作方案，在物联网、云计算、大数据和软件知识产权保护等多个方面深化合作。

随着粤港澳大湾区的规划建设，未来微软将更多地参与到粤港澳大湾区的数字化转型之路，把世界领先的科技和解决方案带到这片朝气蓬勃的土地，打造云生态。2017 年 9 月 21 日，洪小文接受《南方日报》记者专

访,支招粤港澳大湾区科技产业建设,详解如何打造华南人工智谷。

1. 雄厚产业基础有利科技"孵化"

南方日报：您如何评价广东电子信息产业发展？

洪小文：广东是中国改革开放的先行区，创新和务实兼具让广东一直位于中国乃至全球创新大潮的前列。2016年，广东高新技术企业总量居全国第一，PCT国际专利申请量连续15年领跑全国。广东信息跨境电子商务交易量占全国近7成。从当前来看，广东深圳已经成为全球智能硬件创新的重要高地，以腾讯、华为、中兴等为代表的全球知名高科技公司的迅速发展，以及大量IT创新企业的涌现，显著提升了广东信息产业的聚集效应。

南方日报：类比硅谷，粤港澳大湾区的建设会给这种发展带来什么优势？

洪小文：硅谷成为全球创新高地，与其特有的"创新生态系统"密不可分：硅谷不仅有良好的"软环境"，例如，基础设施、企业家精神和完善的法律保障系统，还有基础研究、技术孵化、产品研发、创新人才、产学研合作的"硬实力"。

对于粤港澳大湾区来说，其成为科技创新中心，引领电子信息产业发展主要有两个方面的优势：第一，大湾区具有宽松的环境、自由的氛围，开放包容的政策，这有利于国际人才、粤港澳本土人才和华人华侨人才的聚集；第二，大湾区具备雄厚的产业经济基础，广东的先进制造业规模不断壮大，以高新技术为代表的战略性新兴产业保持高速增长，这为新产品、新业态和新模式的孵化奠定了基础。

2. 创建华南人工智谷推动科技产业朝前

南方日报：在科技产业发展上，粤港澳大湾区如何发力？

洪小文：众所周知，在人类历史上最近的几次工业革命，尤其是科技进步的浪潮，都无一例外地带来了全新的产业集聚和产业集群。硅谷，就是大家最为耳熟能详的一个地方，通过大量的大学、研发机构和科技企业，硅谷形成了非常难得的科技生态系统。未来，粤港澳大湾区要更好地发展科技产业，建议应该建设华南人工智谷。

南方日报：如何理解"人工智谷"这一说法？

洪小文：建设人工智谷，核心是借助人工智能推动的物联网和大数据升级进行数字化转型。

我们正跨入第四次工业革命的时代，人工智能、物联网、混合现实等成为这次革命的热点。依托于云计算能力、深度神经网络的算法和海量数据，目前人工智能已呈现爆发性增长，或将成为最大的加速器，推动全球经济发展。随着云计算、物联网、大数据、人工智能和移动互联网的融合发展，人与人、人与物、物与物实现了互联互通。每隔18个月，全球数据就会翻倍，预计到2020年，全球数据量将达到40 ZB（相当于4万亿GB）。

因此，数字化的知识和信息成为关键的生产要素，数字经济成为继农业经济、工业经济之后的新的社会经济发展形态，正在推动现有商业模式的重塑或重构，及早利用人工智能推动物联网和大数据升级进行数字化转型为上策。下一阶段，我们应着重围绕传统制造业各细分领域提质增效这一主题，尤其要关注"智能制造"和"制造业与互联网融合发展"的协同互动。

南方日报：人工智谷初成的表现是什么？

洪小文：如果说第一次工业革命的发起国在英国，第二次以德国和美国为主导，第三次的主要推动者是美国，那么，第四次工业革命，中国很大可能会成为引领者。事实上，在广东的很多科技企业，在人工智能、无人驾驶、云计算、移动应用、大数据等领域都有全球瞩目的创新能力。

人工智谷的形成有三个特征：一是研发人才集聚；二是产业链聚合；三是产业发展环境适宜。研发人才集聚，指的是高级人才能持续不断地培育和供给；产业链聚合，则是研发、产品和应用上各种相关企业齐备，尤其是中小企业能够产生巨大的应用推广效果；产业发展环境适宜则是形成产业带，出现众多出彩的科技企业和众多的科技发展机会。

3. 建设人工智谷还要重视基础研究

南方日报：建设华南人工智谷，离不开"智造"支撑。那广东如何实现从"制造"到"智造"？

洪小文：从"制造"到"智造"，关键的核心是"智能"，智能最重要的是靠我们说的 3 个 IT 技术：信息技术（information technology）、工业技术（industry technology）和智能技术（intelligent technology）。我们应该把三者进行深度融合，才能带来整个制造业往智能制造的方向发展。

在全球数字化转型的浪潮中，我们应该发挥云计算、大数据、物联网和人工智能在研发设计、生产制造、经营管理、销售服务等全流程和全产业链的综合集成应用。这包括人工智能与各个传统行业的深度融合，例如以制造、医疗、银行、零售、电信为代表的垂直领域，也包括人工智能在销售、市场、客户管理、人力资源等水平领域的深度应用。

南方日报：那在这个过程中，亟待提高的地方在哪里？

洪小文：未来，中国需要学术机构、产业界共同努力，构建开放协同的人工智能科技创新体系，更加着力于基础研究、人才积累，逐步推进全产业链的布局和创新。

人才是发展的根本、创新的核心要素。华人在 AI 领域的影响力越来越突出。未来，人工智能的竞争将更加集中于人才的竞争。人工智能的专业特点使得高端人才需求旺盛，也直接构成了行业高端人才竞争激烈的局面。一方面我们看到中国拥有一批人工智能的顶级科学家以及良好的人才生力军队伍，但如果从人才总量和人才构成的角度看还存在一定缺口。加强基础研究人才的培养不容忽视。

事实上这一波全球人工智能产业的发展，得益于科学家数十年来的孜孜以求，以及人工智能在基础研究领域的技术突破和积累。中国要拥有更强劲、更可持续的 AI 竞争力，除了关注在产业能开花结果的技术，还需要加大对基础研究的投入，甚至是那些尚处于"冬天"的领域。静下心来，投入资源，用不求短期成果的态度，把 AI 领域未解的问题，研究出来。

【采写】《南方日报》记者：姚翀　李冠洁

第十二章 媒体报道

两年一度的广东经济发展国际咨询会是广东省政府借力外部智慧，助力本土发展的苦心孤诣，自然也是镁光灯聚集的焦点。媒体的介入及宣传，扩大了咨询会的社会影响，同时也提高了顾问机构的曝光度，实现了广东和顾问机构的双赢。在媒体的推介下，2017年国际咨询会"集聚高端要素，促进产业金融科技融合发展"的主题开始为广东社会所认知。

胡春华会见2017广东经济发展国际咨询会省长经济顾问

中新网广州9月21日电（记者：索有为） 2017年9月20日，中共中央政治局委员、广东省委书记胡春华，广东省省长马兴瑞在广州会见2017广东经济发展国际咨询会（以下简称"国际咨询会"）省长经济顾问。

胡春华代表中共广东省委、广东省政府对各位顾问来粤参加国际咨询会表示欢迎，感谢历届顾问为广东经济发展建言献策、做出了积极贡献。

胡春华说，广东正按照中共中央总书记习近平对广东工作做出的重要批示要求，深入实施创新驱动发展战略，加快推动经济结构调整和转型升级。希望大家充分利用国际咨询会这个高端平台，在现代产业发展、现代化基础设施建设、科技教育合作等方面充分沟通交流，多提宝贵意见，寻求更多的发展机会，助力广东加快实现现代化。

艾默生电气公司总裁孟瑟代表本次国际咨询会12位省长经济顾问做了发言。孟瑟表示，国际咨询会提供了探讨、交流与合作的良好平台，各位顾问对广东未来发展充满信心，非常希望借助这一平台，与广东携手合作，进一步加强政府、企业、各类机构之间的联系，实现合作发展、互利共赢。

国际咨询会始于 1999 年,是广东省人民政府举办的高层次国际性咨询会议,旨在听取省长经济顾问对广东经济发展和现代化建设的意见和建议,加强广东与世界著名跨国公司以及教育、科研机构的联系与合作,促进跨国公司和世界著名教育、科研机构在广东的发展,展示广东改革开放形象和良好的投资环境。

广东省省长聘请来自不同领域的世界著名跨国公司的主要负责人和知名的专家学者担任其经济顾问。自国际咨询会机制成立以来,已有 58 家世界 500 强的跨国公司及世界著名科研机构的高层领导人共 142 人次作为省长经济顾问,出席了国际咨询会。

2017 国际咨询会将于 9 月 21 日在广州举行。广东省官员林少春、江凌、袁宝成、黄宁生、陈云贤等参加了会见。

广东:省长国际顾问献策创新发展

新华社广州 9 月 21 日电(记者:马晓澄、张建华) 充分利用国际资本市场、建设华南人工智谷、数字化引领产业升级……12 名来自微软、ABB 集团、IDG 资本等全球知名企业的高管 21 日在广州参加"2017 广东经济发展国际咨询会",为广东创新发展建言献策。

广东经济发展国际咨询会始于 1999 年,旨在听取省长经济顾问对广东经济发展和现代化建设的意见和建议,加强广东与世界著名跨国公司以及教育、科研机构的联系与合作。2015 年,20 位省长经济顾问提出了 35 条富有建设性和可操作性的建议,很多都已被采纳。

著名风险投资机构 IDG 资本全球董事长熊晓鸽表示,IDG 资本在中国投资有 20 多年了,投资的 500 多家企业里,有 100 多家在广东。他认为,广东已经形成了较为完整的创新创业生态环境,很多成功的企业及企业家也为广大创业者树立了良好的榜样,IDG 资本未来将进一步加大在广东的投资力度。

"广东正在建设粤港澳大湾区,对我们而言是一个很好的参与契机,让我们把国内外投资的成功经验带到这里来经营实践,希望能够在不久的将来投出一些能够超越 BAT 的企业。"熊晓鸽说。他认为，未来的机遇在人工智能、金融科技、清洁能源、大健康、泛娱乐等领域，建议政府进一步支持这些产业的发展。

微软全球资深副总裁洪小文说，信息技术的进步和城市的"数字转型"对中国经济的未来发展至关重要，微软愿意携手广东共同研发高精尖技术。"创新驱动是人才驱动，我们建议在广东省利用人才聚集，产业链聚合的优势和当前产业发展的特性，建设华南人工智谷。"

ABB 集团亚洲、中东及非洲区总裁顾纯元表示，制造业面对着不断攀升的劳动力成本、产能过剩、结构性调整等带来的挑战，数字化解决方案可以帮助传统制造工厂向智能工厂转型。ABB 愿与广东共同探索发展机遇，通过领先的数字化技术助力广东在新一轮工业革命中实现跨越式发展。

集聚高端要素，促进产业金融科技融合发展

金羊网讯 2017 年 9 月 21 日，2017 广东经济发展国际咨询会在广州召开。省长马兴瑞在会上做咨询会工作报告，与 12 位省长经济顾问围绕"集聚高端要素，促进产业金融科技融合发展"的主题，分享国际先进理念和成功经验，推动广东与各顾问机构加强合作，加快推进广东经济转型升级。

马兴瑞在做咨询会工作报告时指出，在 2015 广东经济发展国际咨询会上，20 位省长经济顾问围绕"加强国际合作，实现创新驱动与共赢发展"主题，提出了 35 条富有建设性和可操作性的建议。两年来，广东省政府对顾问建议高度重视，组织专门力量进行研究评估，制定了采纳顾问建议专项实施方案，加快推动我省产业转型升级，重视加强资源节约循环高效利用，积极优化我省营商环境，大力促进我省金融创新，深入推动创新创业和人才培养，有效地促进了大批合作项目，为我省经济发展注入了新的动力和活力。

马兴瑞指出，经过近 40 年的改革开放，广东已经成为中国经济实力最雄厚、开放型经济最具活力的地区之一，正处于加快转型升级的重要战

略机遇期。广东将认真贯彻落实习近平总书记对广东工作的重要批示精神，深入实施创新驱动发展战略，着力提升科技创新能力，着力谋划发展新兴产业，着力推动产业链、金融链、创新链三链融合，着力打造国际一流的营商环境，加快集聚全球各领域高端要素，进一步促进产业、金融、科技融合，促进传统动能焕发生机、新动能加快成长。广东将认真听取各位省长经济顾问关于上述领域的新理念、新思路，坚持问题导向和目标导向相结合，按照中央的部署要求，结合顾问们的意见建议，围绕充分发挥市场在资源配置中的决定性作用和更好地发挥政府作用，采取有力措施推动全省各级政府改革发展，着力优化市场准入，着力构建新型政商关系，加快建设数字政府，为外商投资营造更好的市场化、法治化、国际化营商环境。同时，广东希望进一步加强与各顾问机构的交流合作，携手实现共赢发展。

会上，各位省长经济顾问积极为促进我省集聚全球高端要素、推进产业金融科技融合发展、提升国际竞争力建言献策，重点从新兴技术、科技金融融合发展、粤港澳大湾区建设对广东转型升级的影响等方面，提出了数字化引领产业升级、充分利用国际资本市场、大力发展金融服务和健康产业、共建智能大湾区等意见建议。

省领导林少春、许瑞生、黄宁生，广州市市长温国辉、深圳市市长陈如桂参加了会议。

把国际咨询会打造成汇聚全球智慧的高端平台

《广州日报》讯　2017年9月20日下午，中共中央政治局委员、省委书记胡春华，省长马兴瑞在广州会见2017广东经济发展国际咨询会省长经济顾问。

胡春华代表省委、省政府对各位顾问来粤参加国际咨询会表示欢迎，感谢历届顾问为广东经济发展建言献策、做出了积极贡献。他说，广东正按照习近平总书记对广东工作做出的重要批示要求，深入实施创新驱动发展战略，加快推动经济结构调整和转型升级。希望大家充分利用国际咨询会这个高端平台，在现代产业发展、现代化基础设施建设、科技教育合作等方面充分沟通交流，多提宝贵意见，寻求更多的发展机会，助力广东加快实现现代化。

艾默生电气公司总裁孟瑟代表本次国际咨询会 12 位省长经济顾问做了发言。他表示，国际咨询会提供了探讨、交流与合作的良好平台，各位顾问对广东未来发展充满信心，非常希望借助这一平台，与广东携手合作，进一步加强政府、企业、各类机构之间的联系，实现合作发展、互利共赢。

省领导林少春、江凌、袁宝成、黄宁生、陈云贤等参加了会见。

2017 广东经济发展国际咨询会在广州举行

国际在线消息（驻广州记者：朱子荣） 2017 广东经济发展国际咨询会 9 月 21 日在广州举行。广东省省长马兴瑞在会上做咨询会工作报告，与 12 位省长经济顾问围绕"集聚高端要素，促进产业金融科技融合发展"的主题，分享国际先进理念和成功经验，推动广东与各顾问机构加强合作，加快推进广东经济转型升级。

马兴瑞在做咨询会工作报告时指出，在 2015 广东经济发展国际咨询会上，20 位省长经济顾问围绕"加强国际合作，实现创新驱动与共赢发展"主题，提出了 35 条富有建设性和可操作性的建议。两年来，广东省政府对顾问建议高度重视，组织专门力量进行研究评估，制定了采纳顾问建议专项实施方案，加快推动全省产业转型升级，重视加强资源节约循环高效利用，积极优化营商环境，大力促进金融创新，深入推动创新创业和人才培养，有效地促进了大批合作项目，为全省经济发展注入了新的动力和活力。

马兴瑞指出，经过近 40 年的改革开放，广东已经成为中国经济实力最雄厚、开放型经济最具活力的地区之一，正处于加快转型升级的重要战略机遇期。广东将认真贯彻落实习近平总书记对广东工作的重要批示精神，深入实施创新驱动发展战略，着力提升科技创新能力，着力谋划发展新兴产业，着力推动产业链、金融链、创新链三链融合，着力打造国际一流的营商环境，加快集聚全球各领域高端要素，进一步促进产业、金融、科技融合，促进传统动能焕发生机、新动能加快成长。广东将认真听取各位省长经济顾问关于上述领域的新理念、新思路，坚持问题导向和目标导向相结合，按照中央的部署要求，结合顾问们的意见建议，围绕充分发挥市场在资源配置中的决定性作用和更好地发挥政府作用，采取有力措施推动全省各级政府改革发展，着力优化市场准入，着力构建新型政商关系，加快建设数字政府，为外商投资营造更好的市场化法治化国际化营商环境。同时，广东希望进一步加强与各顾问机构的交流合作，携手实现共赢发展。

会上，各位省长经济顾问积极为促进广东省集聚全球高端要素、推进产业金融科技融合发展、提升国际竞争力建言献策，重点从新兴技术、科技金融融合发展、粤港澳大湾区建设对广东转型升级的影响等方面，提出了数字化引领产业升级、充分利用国际资本市场、大力发展金融服务和健康产业、共建智能大湾区等意见与建议。

中共中央政治局委员、广东省委书记胡春华20日在广州会见2017广东经济发展国际咨询会省长经济顾问时说，广东正按照习近平总书记对广东工作做出的重要批示要求，深入实施创新驱动发展战略，加快推动经济结构调整和转型升级。希望大家充分利用国际咨询会这个高端平台，在现代产业发展、现代化基础设施建设、科技教育合作等方面充分沟通交流，多提宝贵意见，寻求更多的发展机会，助力广东加快实现现代化。

省长经济顾问、艾默生电气公司总裁孟瑟表示，国际咨询会提供了探讨、交流与合作的良好平台，各位顾问对广东未来发展充满信心，非常希望借助这一平台，与广东携手合作，进一步加强政府、企业、各类机构之间的联系，实现合作发展、互利共赢。

借智聚力促广东实体经济腾飞

南方网2017年9月20日讯（记者：张培国） 2017广东经济发展国际咨询会将于9月21日在广州举行，共有12名"洋顾问"参会，将围绕"集聚高端要素，促进产业金融科技融合发展"的主题，为广东振兴实体经济、提升国际竞争力建言献策。

众所周知，毗邻港澳的广东是20世纪80年代以来中国经济增长最快的地区之一，广东的经济总量已先后于1998年、2003年、2007年超过新加坡、中国香港、中国台湾。截至目前，已连续28年稳居全国第一。如果把广东当作一个独立的经济体，在世界排位约居第16位。

这是一个令人惊艳的成绩。究其原因，一方面得益于广东先行一步的政策优势和毗邻港澳的区位优势，而另一方面则源于广东人思想、观念上的开放和持续学习的态度。18年来，广东借智经济发展国际咨询会"洋顾问"，集国际之智，借世界之力，成为广东经济成功的一个重要"缩影"。

不可否认，自1999年以来，广东经济发展国际咨询会已成功举办了十届，成为了广东开拓国际视野，吸纳国际经济发展先进经验的重要渠道。这一点可从历次国际咨询会集萃的十大"金点子"中感受到。可以说，无论从首次创立的"广东光谷"、建设远景现代化主题公园，还是后来提出的建设3G服务平台研发中心、深化口岸通关模式改革、促进新能源汽车产业发展等，广东都十分受益，也为广东经济提档升级提供了强大的智力支撑。

当前，广东发展正处于转型升级的关键时期，全省上下戮力同心，正按照习近平总书记提出的"四个坚持、三个支撑、两个走在前列"的要求奋力攻坚，而谋划和布局未来发展，进一步理清发展思路、完善发展战略、制定发展举措非常重要，而要想制定好政策，广泛借智借力显得更加关键。

从另外一个角度来看，广东虽然作为经济第一大省，但制造业和全国一样，还存在着总量大但质量不高，在产业结构、创新能力、产品质量、标准和品牌以及信息化水平等方面存有差距，亟须实现从"制造"向"智造"的腾飞跨越。

问题是创新的起点。在广东省第十二次党代会上，中央政治局委员、广东省委书记胡春华指出，要大力振兴实体经济，坚持制造业立省不动摇。近来，随着广东"实体经济十条"的发布，粤商再迎降成本政策"大礼包"。可以预期的是，未来5年，在振兴实体经济政策的保驾护航下，广东将抓住时机，顺势迎来智造转型之路。

智造转型更需借脑聚智。从这个意义上讲，办好 2017 国际咨询会正当其时，通过听取这些"洋顾问"的真知灼见和先进理念，将会进一步开拓广东的国际视野，进一步增进广东与世界各国的相互了解，寻找合作契机，争取更多符合广东省转型升级需要的项目落户广东，实现共赢发展。

总之，无论是处于中国改革开放前沿的广东省，还是与会的国际财经界顶尖级的"洋顾问"们，都期待这一次的盛会的成功举办，成为 2017 年广东与世界经济再度跨越的新契机，让我们拭目以待！

如何集聚高端要素？广东省长向 12 位洋顾问"取经"

《21 世纪经济报道》2017 年 9 月 21 日讯 广东省省长马兴瑞领着多位副省长，与他的 12 位来自全球的经济顾问围坐在一个巨大的圆桌旁，针对广东经济发展展开了一场自由讨论。马兴瑞希望听取这些高端"外脑"的意见和建议。大圆桌的两侧，包括广东各市主要负责人在内的一众广东官员，也都在仔细聆听。

这是 9 月 21 日召开的 2017 广东经济发展国际咨询会的场景。这样的咨询在广东会每两年召开一次，是广东省长集中向洋顾问"取经"的活动。今年是第 11 次咨询会，主题是"集聚高端要素，促进产业金融科技融合发展"。

这也是当前经济发展中所追求的重要目标之一。马兴瑞指出，当前广东正处于加快转型升级的重要战略机遇期，将认真贯彻落实习近平总书记对广东工作的重要批示精神，深入实施创新驱动发展战略，着力提升科技创新能力，着力谋划发展新兴产业，着力推动产业链、金融链、创新链三链融合，着力打造国际一流的营商环境，加快集聚全球各领域高端要素，进一步促进产业、金融、科技融合，促进传统动能焕发生机、新动能加快成长。

今年的 12 名"洋顾问"分布在智能制造、信息科技、会计咨询、投资银行、金融服务、风险投资、保险投资等领域，主要来自美国、英国、德国、瑞士、日本等国家。

会上，他们重点从新兴技术、科技金融融合发展、粤港澳大湾区建设对广东转型升级的影响等方面,提出数字化引领产业升级、充分利用国际资本市场、大力发展金融服务和健康产业、共建智能大湾区等意见建议。

马兴瑞说,广东将按照中央的部署要求,结合顾问们的意见与建议,围绕充分发挥市场在资源配置中的决定性作用和更好地发挥政府作用,采取有力措施推动全省各级政府改革发展,着力优化市场准入,着力构建新型政商关系,加快建设数字政府,为外商投资营造更好的市场化、法治化、国际化营商环境。同时,广东还希望进一步加强与各顾问机构的交流合作,携手实现共赢发展。

"广东有丰富的制造业和智能制造经验,下一步还将大力发展工业物联网,我认为在这些方面广东很有优势。"顾问之一、IBM高级副总裁罗思民会前向媒体表示,数字化正在越来越深刻地影响着全世界的产业,包括制造业、工业和金融服务业。在如今的中国,物联网无处不在,并产生了大量的数据,但很多数据尚未被很好地发掘利用。上一次,2015年举行的以"加强国际合作,实现创新驱动与共赢发展"为主题的广东经济发展国际咨询会上,广东一共收到来自20位省长经济顾问的35条建议。

马兴瑞说,两年来,广东省政府对顾问建议高度重视,组织专门力量进行研究评估,制定了采纳顾问建议专项实施方案,加快推动广东产业转型升级,重视加强资源节约循环高效利用,积极优化广东营商环境,大力促进广东金融创新,深入推动创新创业和人才培养,有效地促进了大批合作项目,为广东经济发展注入新的动力和活力。

而从1999年首次召开以来,广东透过这一咨询会已收获诸多具有前瞻性和针对性的意见与建议,其中不少也已有很多融入该省的战略规划和宏观政策之中,有的甚至早已经转化为具体的发展举措,比如建设机器人应用中心、促进新能源汽车产业发展、推动香港金融服务业落户广东等。

"洋顾问"带来 哪些"金点子"

《羊城晚报》2017年9月22日讯 来自智能制造、信息科技、会计咨询、投资银行、金融服务、风险投资、保险投资等不同领域的12位"洋顾问",为广东带来众多"金点子",创新、数字化、人工智能、物联网、智能制造、粤港澳大湾区等成为"高频词"……21日，2017广东经济发展国际咨询会在广州举行，多位顾问在接受《羊城晚报》记者采访时精彩观点不断。

1. 竞争力——数字化技术促发展

本次会议的主题是"集聚高端要素，促进产业金融科技融合发展"，如何增强广东在产业金融科技融合方面的竞争力？多位"洋顾问"都提到数字化技术。

"广东是信息产业大省，过去几年，从信息基础设施建设、关键技术研发到信息技术与传统产业的结合，广东都取得了非常瞩目的成就"，微软全球资深副总裁洪小文表示，广东下一阶段应着重围绕制造业各细分领域提质增效这一主题，重点推动"智能制造"和"制造业与互联网融合发展"的协同互动，利用数字化转型推动智能制造发展。

ABB集团执委顾纯元认为，制造业面对着不断攀升的劳动力成本、产能过剩、结构性调整等挑战，数字化解决方案可以帮助传统制造工厂向智能工厂转型，更好地预估需要，从而降低成本、节约能源，提高整体产出，实现利润提升。

IBM全球高级副总裁罗思民认为，世界经济发展有三个很重要的支柱，一个是物联网，一个是大数据，一个是人工智能。"我觉得这对于广东的发展非常有利。我们有非常强大的物联网、大数据、基于云的人工智能，可以帮助广东企业实行更好地转型，帮助广东企业成功。"

2. 创新力——打造"创新生态系统"

如何进一步推进创新？思科全球高级副总裁兼首席战略官罗思基告诉记者，此次他带来的建议是通过"创业生态系统"来推动创新。"我们发现，推动创新的独特社群至关重要，在创业生态系统内，企业家、风投机构、大学和研究机构、大公司、政府机构具有不可估量的影响。广东应打造自己的'创业生态系统'，帮助企业了解市场走向和需求。"

"创新除了需要良好的技术交流环境、企业自身的创新意识，还需要市场要素的优化配置及完善的'创新生态系统'。"洪小文建议，在全球范围内配置人才资源，应建立完善的人才资源库和配置体系，对可能限制人才自由流动的因素进行调整和完善，让人才在不同的环境中自由流动，成为创新的源泉。

要吸引创新技术、人才、资本等要素聚集广东，良好的营商环境将发挥重要作用。安永全球管委会委员卡迈恩·迪西比奥在受访时表示，广东是一个发展迅猛、充满活力的地方。未来，广东应继续加强知识产权保护力度，着力打造市场化、法治化、国际化的一流营商环境，加快全球各领域高端要素向广东聚集。

3. 新平台——紧抓"大湾区"机遇

粤港澳大湾区也是顾问们关注的热点。IDG资本全球董事长熊晓鸽在接受记者专访时表示，粤港澳大湾区有着广阔的地域空间、巨大的市场需求、活跃的市场，市场和资源将不断向此聚集。同时，广东制造业基础雄厚，具有强大的生产制造能力。高校众多，具有技术创新的基础……这都意味着，粤港澳大湾区将带来丰富的机遇。

"广东正深入实施创新驱动发展战略，以优越的人才和创新资源，努力打造国家科技产业创新中心，粤港澳大湾区的建设将成为广东发展的新平台。"罗思基认为，政府的支持、政务的高效和良好的公共服务优化了企业投资发展的环境，为企业来粤创造更有吸引力的条件。为进一步吸引跨国公司前来投资，广东应进一步为投资者打造投资路径，为初创公司和科技公司达成合作、初创公司与科研单位的沟通提供帮助，并为全球顶尖人才来广东发展提供更多的便利。

附录　省长、顾问简介

马兴瑞
广东省人民政府省长

男，汉族，1959年10月生，山东郓城人（黑龙江双鸭山市出生），1988年1月加入中国共产党，1988年3月参加工作，哈尔滨工业大学飞行动力学研究室一般力学专业毕业，研究生学历，工学博士，教授。现任中共第十九届中央委员会委员，省委副书记，省人民政府省长、党组书记。1978—1982年，阜新矿业学院机电工程系工程力学专业学习；1982—1985年，天津大学力学系一般力学专业硕士研究生学习；1985—1988年，哈尔滨工业大学飞行动力学研究室一般力学专业博士研究生学习；1988—1995年，任哈尔滨工业大学讲师、系副主任、副教授、教授、系主任、博士生导师；1995—1996年，任哈尔滨工业大学航天学院副院长、系主任；1996—1996年，任哈尔滨工业大学副校长；1996—1999年，任中国空间技术研究院（五院）副院长（正司局级）、党委委员；1999—2007年，任中国航天科技集团公司副总经理、党组成员（2007年7月当选为国际宇航科学院院士）；2007—2013年，任中国航天科技集团公司总经理、党组书记；2013—2013年，任工业和信息化部副部长、党组成员，工业和信息化部副部长、党组副书记，国家航天局局长，国家原子能机构主任，国家国防科技工业局局长、党组书记，国务院中央军委专门委员会委员（2013年6月），国务院振兴东北地区等老工业基地领导小组成员（2013年6月）；2013—2015年，任广东省委副书记、政法委书记，省社工委主任；2015—2015年，任省委副书记、政法委书记，深圳市委书记；2015—2016年，任省委副书记、深圳市委书记；2016—2017年，任省委副书记，省人民政府副省长、代省长、党组书记。2017年1月当选省人民政府省长；中共第十八届、十九届中央委员会委员，第十一届全国政协委员。

顾纯元
Chunyuan Gu
ABB 集团亚洲、中东及非洲区总裁
ABB 集团执行委员会成员
ABB（中国）有限公司董事长兼总裁（兼任）
President, Region Asia, Middle East and Africa (AMEA)
Member of the Group Executive Committee of ABB Ltd.
Chairman and President, ABB (China) Ltd.

  顾纯元先生 1982 年毕业于上海交通大学机械工程学院，1987 年获得瑞典皇家理工学院工程博士学位。1987 年到 1989 年，就职于瑞典皇家理工学院，从事研究员工作。

  1989 年，顾纯元加入 ABB，任职瑞典研发中心高级研究员。1998 年到 2010 年，他历任 ABB 集团工程力学研发负责人、机电一体化及机器人自动化研发负责人、机器人瑞典业务部研发经理、ABB 机器人自动化全球技术开发副总裁和 ABB 机器人业务部全球研发中心负责人等研发管理职务。2010 年，他出任上海 ABB 工程有限公司总经理、ABB 离散自动化与运动控制业务部机器人业务单元中国及北亚区负责人。2012 年，顾纯元博士担任 ABB（中国）有限公司高级副总裁、离散自动化与运动控制业务部北亚区及中国负责人。

  2014 年至 2017 年 6 月，顾纯元博士担任 ABB 集团高级副总裁、ABB（中国）有限公司董事长兼总裁。2017 年 7 月 1 日，顾纯元博士出任 ABB 集团亚洲、中东及非洲区总裁并成为 ABB 集团执行委员会成员，同时继续兼任 ABB 中国董事长及总裁。

  2015 年 11 月，顾纯元博士当选瑞典皇家工程科学院院士。此外，他还担任中国自动化学会常务理事和中国欧盟商会咨询委员会委员。

罗思基
Hilton Romanski
思科全球高级副总裁兼首席战略官
SVP and Chief Strategy Officer of Cisco Systems

罗思基，美国人，1972年出生。罗思基拥有斯坦福大学工商管理专业硕士学位和哥伦比亚大学学士学位，现任思科全球高级副总裁兼首席战略官，负责通过收购、战略合作、投资、联合开发和创新来推进思科增长战略。

加入思科之前，罗思基曾在摩根大通担任过多项领导职位，包括共同创建了公司的西海岸电信业务。他曾是摩根大通的技术、媒体和电信集团的投资银行家。在此之前，他曾担任该公司纽约总部的并购专家。

自2000年加入思科以来，罗思基领导了总额近200亿美元的逾40项并购。他还推动了多项创新投资业务的开展，进一步丰富了思科技术组合。作为企业开发部门高级副总裁，罗思基领导思科以27亿美元收购Sourcefire，以12亿美元收购Meraki，这是思科历史上最成功的两次平台收购。在思科进入包括移动、统一接入和软件支持的解决方案等在内的多个新市场的历程中，罗思基一直工作在最前沿。罗思基之前曾担任全球企业发展部门并购（M&A）和投资副总裁一职，切实推进了思科并购和投资战略的执行，并成功带动公司进入包括中国、东欧、印度、拉丁美洲和俄罗斯在内的新兴市场。

孟 瑟
Edward L. Monser
艾默生总裁
President Emerson

孟瑟现任艾默生公司总裁，负责推动公司的国际增长机会，以及全球共享服务组织的发展。他 1950 年出生于美国，拥有美国伊利诺伊理工大学电力工程学学士学位、美国东密执安大学教育学学士学位，同时也是斯坦福大学商学院高级管理人员培训项目学员。

1981 年，他加入罗斯蒙特公司出任高级工程师；1987—2001 年，先后任罗斯蒙特公司技术总监、新产品与技术总监、副总裁、执行副总裁兼总经理、总裁；2001 年至 2010 年，他担任艾默生首席运营官；2010 年至 2015 年 2 月，任艾默生首席运营官兼总裁；2015 年 2 月至今，任艾默生总裁。孟瑟是艾默生首席执行官办公室成员之一。

他在艾默生高级运营管理方面有超过 30 年的经验，并且在公司全球化进程中发挥了关键作用。孟瑟积极促进国际交流和贸易，目前担任美国 – 印度贸易委员会成员及副主席一职，他自 2007 年已连续 10 年担任广东省经济发展顾问团成员。他还曾任美中贸易全国委员会董事会成员及副主席。

卡迈恩·迪西比奥
Carmine Di Sibio
安永全球客户服务主管合伙人
Global Managing Partner-Client Service

卡迈恩·迪西比奥是安永全球客户服务主管合伙人，1963年出生，美国国籍。

他在科尔盖特大学取得化学学士学位，辅修经济学。他取得纽约大学斯特恩商学院工商管理硕士学位。他是美国纽约州、新泽西州和马萨诸塞州的执业注册会计师。2006年，卡迈恩·迪西比奥加入安永，担任美洲区金融服务业主管合伙人。在担任该职位期间，他打造出一个泛美国和强化安永在新兴市场业务的业务体系。2011年，他获任命为全球金融服务业主管。他一直以来担任美洲区银行业和资本市场主管，以及美洲区金融服务业审计和咨询业务主管。他还一直担任美洲区咨询委员会的成员和首席合伙人。

卡迈恩主管安永在全球的经营业绩、机构的日常运营和全球战略的执行。作为负责客户服务的全球主管合伙人，他整合安永在各地区、服务线和市场职能的实力，为安永的客户提供卓越的服务。作为安永的高级咨询合伙人，他服务于很多安永最大型的金融服务客户。此外，他也是安永全球多元化和包容性指导委员会的联席主席。

贺启新
Ken Hitchner

高盛集团亚太区（除日本外）总裁，亦担任高盛集团管理委员会委员兼公司亚太区管理委员会联席主席。

President of Goldman Sachs in Asia Pacific Ex-Japan, member of the firm's Management Committee and co-chairs the Asia Pacific Management Committee.

贺启新，1960 年生，美国国籍，毕业于哥伦比亚大学商学院获工商管理学硕士学位，现任高盛集团亚太区（除日本外）总裁。亦担任高盛集团管理委员会委员，兼公司亚太区管理委员会联席主席。

贺启新 1982 年获得科罗拉多大学文学士学位，1992 年获得哥伦比亚大学商学院工商管理学硕士学位。贺启新最初在 1991 年加入高盛为暑期实习经理，至 1992 年入职高盛的企业融资部。1995 年，他以始创成员的身份加入高盛的医疗保健投资银行业务部；随后在 1998 年成为环球医疗器材投资银行业务的主管；并在 2001 年出任环球医药业投资银行业务的主管。在 2013 年出任现职前，他曾担当医疗保健投资银行业务部环球主管以及科技、媒体及电信部环球联席主管。贺启新在 2000 年成为高盛的董事总经理，在 2002 年成为合伙人。加入高盛前，贺启新曾是美国海军少校及海军飞行员。贺启新是哥伦比亚大学商学院客座教授、Hackensack Meridian Health 董事会成员以及科罗拉多大学生物尖端科学研究所顾问委员会成员。他同时担任香港大学经济及工商管理学院国际咨询理事会成员，以及大自然保护协会亚太区理事会的成员。

贺启新在亚洲工作的 4 年间，每年均多次来华出席高层会议，参加国际论坛，与中国政府、监管部门和知名企业（包括广东省的知名企业）定期沟通，保持紧密联系。

王冬胜
Mr. Peter Wong
汇丰集团常务总监
香港上海汇丰银行有限公司副主席兼行政总裁
Group Managing Director, HSBC Group and Deputy Chairman and Chief Executive, The Hongkong and Shanghai Banking Corporation Limited

王冬胜是香港上海汇丰银行有限公司副主席兼亚太区行政总裁，也是汇丰集团的集团常务总监和集团管理委员会成员。汇丰集团是全球最大的银行及金融服务机构之一，在70个国家和地区设有业务。截至2017年7月30日，集团资产总值达到24920亿美元。

王先生是汇丰银行（中国）有限公司董事长兼非执行董事、交通银行股份有限公司非执行副董事长、恒生银行有限公司非执行董事、马来西亚汇丰银行有限公司独立非执行董事，以及国泰航空有限公司独立非常务董事。

此外，他还在多个政府及监管咨询机构和行业协会出任公职，包括：香港特别行政区政府经济发展委员会非官方委员、香港金融管理局外汇基金咨询委员会委员、香港总商会理事会副主席兼成员、香港银行学会会长，以及团结香港基金会顾问。王先生曾任2001年、2004年、2006年及2009年度香港银行公会主席。在中国内地，王先生是中国人民政治协商会议第十二届全国委员会委员、2013—2015年广东经济发展国际咨询会省长经济顾问、重庆市市长国际经济顾问，以及中国银行业协会理事会理事。

罗思民
Tom Rosamilia
IBM 全球高级副总裁
IBM SVP

罗思民，1961 年出生于美国。他于康奈尔大学获得学士学位，主修计算机科学和经济学。2004 年，他参加了哈佛商学院 IBM 策略领导力论坛（IBM Strategic Leadership Forum）。罗思民先生现为 IBM 全球高级副总裁。

他统领 IBM 的全球系统业务，其中包括 IBM 服务器、存储系统以及软件的全球业务。他还主管全球业务合作伙伴部门。目前罗思民先生常驻中国北京，并作为 IBM 总部的派驻代表，继续领导 IBM 的全球系统业务。此前，罗思民先生是 IBM 负责系统与科技集团和集成供应链业务的高级副总裁。他负责 IBM 半导体、服务器、存储和系统软件和 IBM 整体供应链业务，同时领导 IBM 全球业务合作伙伴部门。在此期间，他带领 IBM 系统与科技集团进行战略转型，从而更好地对接客户在基础架构方面所亟需的重要业务，以及在认知时代具有高价值的业务增长机会。在 IBM 30 余载的生涯中，罗思民先生先后担任过若干重要的领导职务，包括 IBM WebSphere 总经理、主机系统和 Power 服务器系统总经理，以及负责公司战略的副总裁和负责企业规划的总经理。

2015 年 11 月，罗思民先生被任命为中华人民共和国广东省省长经济顾问。

熊晓鸽
Hugo Shong
IDG 资本全球董事长
IDG Capital Global Chairman

熊晓鸽，1956年出生，美国国籍，祖籍湖南。现任 IDG（美国数据集团）资本全球董事长。

1996年秋毕业于哈佛大学商学院高级管理班。1987年获波士顿大学新闻传播学硕士学位，后入弗莱彻法律与外交学院攻读亚洲经济与国际商务研究生课程。1984年至1986年就读于中国社会科学院研究生院新闻系英语采编专业。1982年毕业于湖南大学英语专业。自2005年起任波士顿大学董事，自2013年起担任 WPP 非执行董事。

1993年，协助 IDG 创始人及董事长麦戈文先生在中国创立"太平洋风险技术基金"（后更名为 IDG 资本），将西方技术风险投资实践引入中国，被誉为"中国引入高科技产业风险基金的第一人"。目前 IDG 资本已成为中国风险投资行业的领先者，投资了500余家优秀公司，包括腾讯、携程、百度、小米、美图等。

曾荣获"中国投资行业最具影响力人物""中国最佳创业投资人"、国家特聘专家等称号以及"中国 VC/PE 领域终身贡献奖""中国优秀股权和创业投资家终身成就奖"，入选第九批国家"千人计划"。

格雷格·巴克斯特
Greg Baxter
美国大都会集团执行副总裁、全球首席数字官
Executive Vice President Global Chief Digital Officer MetLife, Inc.

格雷格·巴克斯特，澳大利亚人，1967年出生。他毕业于莫纳什大学信息技术专业，取得墨尔本大学MBA学位，并曾参加牛津大学的战略领导项目。格雷格担任牛津大学、纽约大学和美利坚大学的客座讲师，帝国学院全球金融和技术中心的顾问董事。

格雷格在美国大都会集团主管数字化战略、客户创新和业务转型。他有着20多年的高级管理经验，在多家世界知名公司负责战略和执行，拥有跨行业的工作经验，并取得了高效的业务成果。在加入美国大都会集团之前，格雷格担任花旗集团首席数字官。格雷格还曾在伦敦担任博斯公司合伙人，主要负责零售策略、数字化能力和转型。此前，他担任IBM公司的高级项目和产品经理。格雷格目前是查塔姆研究所的董事会成员——一家全球顶尖的国际智库。

作为大都会集团首席数字官，格雷格负责推动集团数字化战略和全球执行：这包括为大都会集团的基本潜能开发与投资、差异化和破坏性机会以及数字增长机遇的孵化和加速制定方向；坚持以客户价值驱动为中心，包括数字战略、客户方案的开发、大数据和先进分析方法、创新以及人工智能自动化。

洪小文
Hsiao-Wuen Hon
微软全球资深副总裁
微软亚太研发集团主席
微软亚洲研究院院长
Corporate Vice President of Microsoft
Chairman of Microsoft's Asia-Pacific R&D Group
Managing Director of Microsoft Research Asia

　　洪小文博士现任微软全球资深副总裁，微软亚太研发集团主席兼微软亚洲研究院院长，全面负责推动微软在亚太地区的科研及产品开发战略，以及与中国及亚太地区学术界的合作。洪博士毕业于台湾大学电机工程系，后获得卡内基梅隆大学计算机硕士及博士学位。

　　洪小文博士于1995年加入微软公司。2004年，他加入微软亚洲研究院并担任副院长，2007年升任微软亚洲研究院院长。2005年至2007年间，洪博士创立并领导了微软搜索技术中心（STC），该中心负责微软搜索产品（必应）在亚太的开发工作。2014年，洪博士兼任微软亚太研发集团主席。1995年之前，洪博士曾任职于苹果公司，带领团队研发出了苹果中文译写器。

　　洪博士是美国电子电气工程师协会院士（IEEE Fellow），微软杰出首席科学家和国际公认的语音识别专家。洪博士在国际著名学术刊物及大会上发表过百余篇学术论文。他参与合著的《语音技术处理》（*Spoken Language Processing*）一书被全世界多所大学采用为语音技术教学课本。另外，洪博士在多个技术领域拥有36项专利发明。

柄泽康喜
Yasuyoshi Karasawa
MS&AD 保险集团控股公司总裁兼首席执行官、集团首席执行官
MS&AD Insurance Group Holdings, Inc. President and CEO, Group CEO

  柄泽康喜，1950年出生，日本国籍，1975年3月毕业于京都大学。1975年4月进入住友海上火灾保险公司工作，历任业务管理部部长、经营企划部部长、常务执行官、专务执行官，现任MS&AD保险集团控股公司总裁兼首席执行官、集团首席执行官和三井住友海上火灾保险公司代表董事、董事长。

  柄泽康喜先生非常重视与广东省的交流与学习，2015年作为集团首席执行官出席了广东经济发展国际咨询会议，为广东加强国际合作、实现创新驱动与共赢发展出谋献策。他提出的"将保险业务纳入供应链服务当中，推动出口贸易保险落实""设立信用保证协会、构建信用保证制度，对优质中小企业筹集资金政府出面给予保证"以及"完善企业信用信息，合理收集信用信息和保护信息"的建议被广东省政府采纳。

海兹曼
Jochem Heizmann
大众汽车集团管理董事会成员
大众汽车集团（中国）总裁兼首席执行官
Member of the Board of Management of Volkswagen AG
President and CEO of Volkswagen Group China

  海兹曼，1952年出生于德国莱茵兰－法尔茨州古城施派尔。1975年毕业于卡尔斯鲁厄大学经济工程师专业，1980年获得经济博士学位。

  1982年，海兹曼加盟奥迪公司，历任技术开发部门主管和总装车间负责人等多项管理职务。1991年10月，海兹曼被调往大众汽车公司。1993年8月起，担任大众汽车品牌生产规划负责人。2000年1月，海兹曼出任大众汽车萨克森公司总经理，并直接主管技术业务部门。2001年2月至2007年2月，担任奥迪公司负责生产的管理董事会成员。

  2007年2月，晋升为大众汽车集团管理董事会成员，担任全球生产业务的总负责人。之后，兼任大众汽车品牌管理董事会成员，负责生产和物流工作。2010年10月至2012年8月，负责大众汽车集团在全球的商用车业务。

  从2012年9月1日起，海兹曼教授兼任大众汽车集团（中国）总裁兼首席执行官，负责大众汽车集团在中国的所有业务，包括集团旗下的各个品牌及合资企业。2013年11月，广东省聘请海兹曼为广东经济发展国际咨询会省长顾问。